CARTEA DE CATEGORIE

VEGANĂ DE GRĂTAR

PENTRU ÎNCEPĂTORI

100 DE REȚETE VERZI PENTRU GRĂTAR, PRĂJIRE, AFUMAT, MARINAT ȘI FIERT

Olivia Niță

CUPRINS

4

INTRODUCERE

Tot ce trebuie să știți despre legumele la grătar, în afară de care să le combinați, este temperatura și momentul grătarului.

Puteți grătar aproape orice legumă. În acelaşi timp, nu poți să le arunci pe toate și să speri la ce este mai bun! Unele legume sunt mai dure decât altele, cum ar fi morcovii și cartofii. Acest tip de legume trebuie să fie prefierte înainte de grătar. Acestea sunt cele mai bune legume la grătar:

A. Baby bella ciuperci
B. Fasole verde
C. Ardei gras roșii și portocalii
D. Zucchini
E. Dovlecel galben
F. ceapa rosie

Puteți mânca aceste legume la grătar chiar de pe grătar și au un gust incredibil. Chiar mai bine; Amesteca-le cu un amestec rapid de ulei de masline si otet balsamic pentru a spori aromele!

MIC DEJUN, BRUNCH ȘI OUĂ

1. Pâine la grătar și salată de roșii cherry

Timp total de pregătire: 5 minute

Timp total de gătire: 5 minute

Randament: 1 porție

Ingrediente

- 1 cățel mic de usturoi; tocat 1
- ⅓cana otet balsamic 75 ml
- 1½ lingură ulei de măsline 20 ml
- ¼ lingurita Piper 1 ml
- Sarat la gust
- 2 linguri Arpagic proaspăt tăiat cubulețe sau ceapă verde
- ⅓cană Busuioc proaspăt tăiat cubulețe
- 6 segmente de paine frantuzeasca sau italiana
- 4 cesti rosii cherry; înjumătățit

Directii

a) Combinați usturoiul, oțetul, uleiul, piperul și sarea într-un castron mic. Se amestecă busuiocul și arpagicul.

b) Pâinea la grătar sau prăjită

c) Tăiați fiecare segment în bucăți.

d) Combinați pâinea, roșiile cherry și dressingul într-un bol de amestecare.

e) Dacă este necesar, gustați și ajustați condimentele.

2. Crepe vegane

Timp total de pregătire: 10 minute
Timp total de gătire: 5 minute
10 crêpe

Ingrediente

- 1 1/3 cani de lapte de soia simplu sau vanilat
- 1 cană de făină universală
- 1/3 cană tofu ferm, scurs și mărunțit
- 2 linguri margarina vegana, topita
- 2 linguri de zahar
- 1 1/2 lingurițe extract pur de vanilie
- 1/2 linguriță praf de copt
- 1/8 linguriță sare
- Canola sau alt ulei neutru, pentru gătit

Directii

a) Combinați toate ingredientele

b) cu exceptia uleiului de prajit) intr-un mixer pana se omogenizeaza.

c) Preîncălziți o grătar antiaderent sau o tigaie pentru crêpe la foc mediu-mare.

d) Turnați 3 linguri de aluat în centrul grătarului și înclinați tigaia pentru a întinde aluatul subțire.

e) Gatiti pana se rumenesc pe ambele parti, rasturnand o data.

f) Puneți aluatul rămas pe o tavă și continuați procesul, ungând tigaia după cum este necesar

3. Ouă pe grătar

Timp total de preparare: 2 minute

Timp total de gătire: 18 minute

Randament: 6

Ingredients

- 12 ouă

Directii

a) Preîncălziți un grătar exterior la temperatură medie-înaltă.

b) Pulverizați o tavă de brioșe cu spray de gătit și spargeți un ou în fiecare gaură.

c) Puneți pe grătar și gătiți timp de 2 minute, sau până când se ajunge la starea dorită.

4. Chirtăriţe de cartofi la grătar

Timp total de pregătire:10 minute

Timp total de preparare:15 minute

Randament: 100 de porții

Ingredient

- 1 cană de unt

- 9 ouă

- 1 cană de lapte

- 22 de kilograme de cartofi, fierți cu apă cu sare

- $4\frac{1}{2}$ cană de pâine

- $1\frac{1}{2}$ lingurita piper negru

- 2 linguri sare

Directii

a) Amestecați cartofii în vasul mixerului la viteză mică timp de 1 minut sau până când se rupe în bucăți mai mici.

b) Adăugați piper și unt sau margarina. Amestecați la maxim timp de 3 până la 5 minute sau până când este complet omogen.

c) lapte reconstituit; încălziți la fiert; se amestecă în cartofi la viteză mică, apoi se adaugă ouăle întregi care au fost amestecate.

d) Formați chifteluțe și treceți prin pesmet.

e) Prăjiți 3 minute pe fiecare parte pe un grătar ușor uleiat sau până când se rumenesc.

5. Porcini la gratar cu galbenusuri de ou

Timp total: 30 de minute

Randament: 4 portii

Ingredient

- 2 kilograme de porcini proaspăt

- 3 linguri ulei de masline extravirgin plus

- 2 linguri

- 4 ouă, jumbo

Directii

a) Taiati ciupercile felii si asezonati cu sare si piper.

b) Puneți ciupercile pe grătar și gătiți timp de 2 minute pe fiecare parte.

c) Între timp, încălziți uleiul rămas într-o tigaie antiaderentă până când începe să fumeze.

d) Spargeți ouăle în tigaie și gătiți până se întăresc albușurile.

e) Se ia tigaia de pe foc si se lasa deoparte 3 minute. Pune ciupercile pe o farfurie de servire.

f) Tăiați albușurile ouălor și aranjați cu grijă gălbenușurile deasupra ciupercilor, servind imediat.

6. Pâine de porumb la grătar

Timp total de preparare: 15 minute

Timp total de gătire: 40 de minute

Randament: 8 felii

Ingrediente

- 1 cană făină de porumb

- 1 cană de făină

- 2 lingurite praf de copt

- 3/4 lingurite sare

- 1 cană lapte

- 1/4 cană ulei vegetal

Directii

a) Se amestecă ingredientele uscate. Amestecați laptele și uleiul vegetal.

b) Se toarnă într-o grătar uns cu ulei.

c) Gatiti pana cand centrul este ferm.

7. Granola la grătar cu mere la cuptor

Timp total de preparare: 15 min
Timp total de gătire: 45 min
Randament: 4 portii

Ingrediente

- $1/2$ cană granola vegană, de casă
- 2 linguri de unt de arahide cremos sau unt de migdale
- 1 lingura margarina vegana
- 1 lingura sirop de artar pur
- $1/2$ linguriță de scorțișoară măcinată
- Granny Smith sau alte mere ferme de copt
- 1 cană suc de mere

Directii

a) Preîncălziți grătarul la 350 de grade Fahrenheit.
b) Pune deoparte o tigaie care a fost unsa cu unt.
c) Combinați granola, untul de arahide, margarina, siropul de artar și scorțișoara într-un castron mediu.
d) Tăiați merele în jumătate și umpleți amestecul de granola în goluri, împachetând cu grijă.
e) Întoarceți merele în tigaia Ready. Turnați sucul de mere peste mere și puneți la grătar timp de 1 oră sau până când se înmoaie. Se serveste fierbinte.

8. Avocado şi ouă la grătar

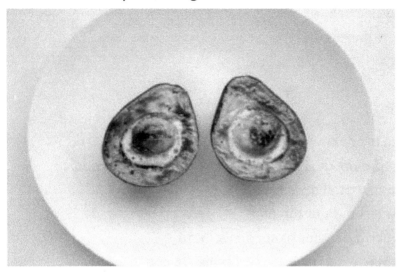

Timp total de preparare: 5 minute

Timp total de gătire: 12 minute

Randament: 4

Ingredients

- 2 avocado, coapte

- 2 lingurite ulei de masline

- 4 ouă

- 1 lingurita sare

- 1 praf de piper proaspat macinat

- Pătrunjel, pentru ornat

Directii

a) Preîncălziți grătarul timp de 10 minute la temperatură medie-mare.

b) Tăiați fiecare avocado pe lungime în jumătate. Scoate groapa.

c) Ungeți fiecare avocado cu ulei de măsline și puneți-l pe grătar cu fața în jos. Acoperi.

d) După aproximativ zece minute, avocado ar trebui să aibă linii excelente de grătar.

e) Când avocado este delicios și la grătar, puneți-le pe o tavă de aluminiu.

f) Spargeți un ou într-un castron mic sau o ceașcă, scoateți gălbenușul cu o lingură și puneți-l în centrul fiecărui avocado.

g) Așezați tava de aluminiu pe grătar.

h) Gatiti timp de 12 minute sau pana cand galbenusul este intarit si fiert dupa bunul plac. Asezati-le pe un platou cu o spatula si ornati cu patrunjel.

9. Ouă afumate

Timp total de preparare: 15 minute

Timp total de gătire: 1 oră și 30 de minute

TIMP DE RĂCIRE: 15 minute

Randament: 12 ouă

Ingredients

- 12 ouă

Directii

a) Preîncălziți afumătorul la 325 de grade Fahrenheit.

b) Gătiți ouăle direct pe grătar timp de 30 de minute cu capacul închis.

c) Scoateți ouăle fierte și puneți-le imediat într-o baie de gheață. Se răcește complet și apoi se decojește.

d) Reduceți căldura afumătorului la 175 de grade F.

e) Fumați cel puțin 30 de minute sau până la o oră pentru o aromă de fum mai puternică.

f) Serviți ouăle simple, cu condimente pentru grătar sau ca ouă afumate.

10.   Ou în Pâine

Timp total de preparare: 1 min

Timp total de gătire: 4 minute

Randament: 1

Ingrediente

- 1 felie de pâine, de persoană

- 1 lingura ulei sau unt

- 1 ou, de persoană

Directii

a) Tăiați o gaură în centrul pâinii cu un tăietor de biscuiți, un pahar sau un tăietor de biscuiți.

b) Ungeți cu ulei o plită sau un grătar și încălziți-o la mediu. Pe plita puneti painea.

c) În gaură, spargeți oul.

d) Gatiti timp de 3 minute, sau pana cand oul este tare pe fund.

e) Pentru a termina de gătit, întoarceți pâinea cu oul pe cealaltă parte, timp de 2 minute.

f) Servi.

11. Fontina si legume la gratar Ambalaj pentru mic dejun

Timp total de pregătire: 8 minute

Timp total de gătire: 13 minute

Randament: 2 portii

Ingredient

- $\frac{1}{2}$ cană maioneză

- $\frac{1}{4}$ cană frunze de busuioc tocate

- Suc de 1 lime

- 1 dovlecel

- 1 Roșu; ardei gras galben sau portocaliu, taiat in patru

- 2 felii de ceapa rosie

- Ulei de masline

- Sare si piper

- 2 căni de salată romă mărunțită

- $\frac{1}{2}$ kg brânză Fontina; răzuit

- 2 tortilla mari de faina

Directii

a) Într-un castron mic, amestecați maioneza, busuiocul și sucul de lămâie.

b) Aplicați ulei de măsline pe legume. Asezonați cu sare și piper după gust.

c) Pe un grătar mediu fierbinte, aranjați legumele.

d) Gătiți încă 2 până la 3 minute pe fiecare parte sau până când vedeți urme de grătar.

e) Întindeți amestecul de maioneză pe tortilla de făină.

f) Pune salata verde pe o tortilla, apoi deasupra cu branza si legume la gratar.

g) Rulează-l și bucură-te.

12. Quiche cu legume la grătar

Timp total de preparare: 1 oră

Timp total de gătire: 1 până la 2 ore

Randament: 6 porții

Ingredient

- 1 crustă de plăcintă gata

- 3 ouă

- 1 cană smântână ușoară

- $\frac{1}{2}$ cană smântână grea

- $\frac{1}{2}$ lingurita Sare

- $\frac{1}{2}$ lingurita Piper

- $\frac{1}{4}$ linguriță de piper Cayenne

- $\frac{1}{4}$ lingurita de nucsoara

- 6 uncii brânză Gruyere; răzuit

- $1\frac{1}{2}$ cană legume la grătar

Directii

a) Presărați 4 uncii de brânză și legume la grătar pe partea de jos a crustei necoapte și puneți-le pe o foaie de prăjituri cu părți laterale.

b) Bateți ingredientele rămase împreună, cu excepția brânzei.

c) Se toarnă peste legume și brânză și se stropește cu restul de brânză.

d) Se pune pe gratar, putin departe de caldura directa.

e) Prăjiți timp de 35 până la 45 de minute sau până când quiche-ul este umflat și auriu.

13.   Focaccia la grătar și sandviș de mic dejun cu legume

Timp total de pregătire: 10 minute

Timp total de gătire: 10 minute

Randament: 1 porție

Ingredient

- Pâine Focaccia

- 1 vinete medie, feliată pe lungime

- 2 ardei roșii, tăiați în patru

- 2 linguri ulei de masline

- rucola proaspătă sau frunze de salată pentru copii

- maioneză cu ou întreg

- Parmezan și busuioc pentru ornat

Directii

a) Se condimentează vinetele cu sare; Se scurge într-o strecurătoare timp de jumătate de oră, apoi se clătește și se usucă.

b) Scoateți semințele ardeiului roșu și tăiați-i în sferturi.

c) Ungeți legumele cu ulei de măsline înainte de a le pune pe grătarul pentru sandvici și de a-l închide. Gatiti pana cand legumele sunt abia fragede.

d) Așezați-vă sandvișul cu frunze proaspete de rucola sau de salată pentru copii, legume la grătar și maioneză cu ouă întregi aromate cu busuioc proaspăt și usturoi pe grătarul pentru sandvici.

e) Se rade deasupra niste parmezan.

14.   Cartofi la grătar pentru mic dejun

Timp total de pregătire: 5 minute

Timp total de gătire: 40 de minute

Randament: 4 portii

Ingrediente

- 5 căni de cartofi roșii sau Yukon gold tocați

- 1 ceapa galbena

- 2 lingurite de usturoi tocat

- 1 lingurita praf de usturoi

- 1 lingurita sare de mare

- $\frac{3}{4}$ linguriță de condimente de dafin vechi

- 1 ardei gras rosu

- 3 linguri ulei de masline

- 1 lingurita boia

- Ciupiți piper negru

Directii

a) Preîncălziți cuptorul la 400 de grade Fahrenheit.

b) Tăiați cartofii, ceapa și ardeiul în bucăți mici și adăugați într-un castron mare.

c) Se amestecă cu uleiul de măsline și usturoiul tocat până când totul este bine acoperit.

d) Adăugați condimentele, sare și piper negru și amestecați până se încorporează bine.

e) Adăugați într-o tavă de copt sau tigaie din fontă și coaceți timp de 30 de minute. Nu ar trebui să ungeți vasul de copt, deoarece cartofii sunt toți unsați cu ulei!

f) După 30 de minute, creșteți căldura la 425 Fahrenheit și coaceți încă 15-20 de minute pentru a ajuta la rumenirea cartofii și pentru a vă asigura că centrul este complet fiert și moale. Veți ști că s-au terminat când vor putea fi străpunse ușor cu o furculiță. Dacă observați că blaturile se rumenesc prea mult înainte ca centrul să fie complet gătit, acoperiți cu folie. Timpul de coacere va varia în funcție de exact cât de mare/mic ai tocat cartofii, așa că fii cu ochii pe ei!

g) Servește cu ketchup, sare suplimentară, piper, salată sau orice alt tip de brunch!

Aperitive, gustări și aperitive

15.   Frigarui de ardei dovlecei copti

Timp total de preparare: 15 minute

Timp total de gătire: 15 minute

Randament: 1 porție

Ingredient

- 1 ardei roșu mare, fără sămânță și tocat

- 1 ardei gras mare, desămânțat și tocat

- 1 ceapă dulce, tăiată felii

- 2 Dovlecei, Segmentati gros

- 2 linguri ulei de masline

- 2 catei de usturoi, curatati si macinati

Directii

a) Desămânțați și tăiați ardeii în bucăți, apoi combinați cu felii de ceapă dulce și dovleceii într-un vas de servire.

b) Adăugați uleiul de măsline și usturoiul zdrobit și amestecați.

c) Așezați ingredientele pe frigărui și gătiți timp de 10-15 minute pe grătar sau până când legumele sunt doar moi.

16.   Grădină pe o frigărui

Timp total de pregătire: 10 minute

Timp total de gătire: 10 minute

Randament: 6 porții

Ingredient

- 1 spic mare de porumb; coajă Scoasă, tăiată în bucăți de 2 inci

- 12 capace mari de ciuperci

- 1 ardei roșu moderat; tăiați în bucăți de 1 inch

- 1 dovlecel mic; nedecojite, tăiate în bucăți de 2 inci

- 12 roșii cherry

Sos pentru ungere

- ½ cană suc de lămâie

- 2 linguri de vin alb sec

- 1 lingura ulei de masline

- 1 lingurita Chimen

- 2 lingurite de arpagic proaspat

- 1 lingurita patrunjel proaspat

- Piper proaspăt măcinat; la gust

Directii

a) Preîncălziți grătarul afară și puneți un suport uns cu ulei la 6 inci deasupra sursei de căldură. Setați focul pe un grătar cu gaz la mediu.

b) Înmuiați 6 frigărui de brochete din lemn în apă caldă timp de 15 minute dacă le folosiți. Acest lucru împiedică broșele să ia foc pe frigărui în timp ce se gătesc.

c) Pune legumele pe frigarui.

d) Pentru a face sosul pentru ungere, combinați ingredientele pentru ungere.

e) Broșele de legume la grătar timp de 15 până la 20 de minute în total, ungându-le des cu sosul până se carbonizează ușor.

17.   Frigarui Halloumi

Timp total: 45 de minute

Randament: 1 porție

Ingredient

- 250 de grame Halloumi Segmentat în bucăți mici

- 500 grame mic; cartofi noi; fiert

- Sare si piper

- Ulei de masline

- Frigarui pentru gratar

- 2 linguri ulei de masline

- 4 linguri otet de vin alb

- Coaja de lamaie

- Câteva măsline verzi; tocat mărunt

- Ciupiți coriandru măcinat

- Frunze proaspete de coriandru; rupt

- 1 cățel de usturoi; zdrobit

- 1 lingură muștar integral

- Sare si piper

- 50 de grame de salată de plante proaspete

Directii

a) Puneți alternativ bucăți de Halloumi și cartofi pe frigărui.

b) Stropiți cu ulei de măsline și asezonați cu sare și piper.

c) Fă grătar pe grătar până când kebab-urile sunt bine gătite.

d) Între timp, combinați toate ingredientele pentru dressing într-un borcan.

e) Puneți kebab-urile deasupra unei salate de ierburi proaspete și stropiți cu dressing.

18.   Cartofi rosii frigaruiti

Timp total de pregătire: 20 de minute

Timp total de gătire: 20 de minute

Randament: 6 porții

Ingredient

- 2 kilograme de cartofi roșii

- $\frac{1}{2}$ cană apă

- $\frac{1}{2}$ cană maioneză

- $\frac{1}{4}$ cană bulion

- 2 lingurite de oregano uscat

- $\frac{1}{2}$ linguriță pudră de usturoi

- $\frac{1}{2}$ linguriță praf de ceapă

Directii

a) Pune cartofii într-un vas sigur pentru cuptorul cu microunde.

b) Acoperiți și puneți la microunde timp de 12-14 minute la maxim.

c) Într-un bol de amestecare, combinați ingredientele rămase; se adauga cartofii si se da la frigider 1 ora.

d) Scurgeți marinata.

e) Frigarui cartofi pe frigarui de metal sau frigarui de bambus inmuiate in apa.

f) Gatiti 4 minute la foc moderat, neacoperit, apoi intoarceti, ungeti cu marinada ramasa si gratiti inca 4 minute.

19.   Frigarui de legume la gratar cu sos de mop

Timp total de preparare: 15 minute

Timp total de gătire: 15 minute

Randament: 4 portii

Ingrediente
Sos de mop

- 1/2 cană cafea neagră tare

- 1/4 cană sos de soia

- 1/2 cană ketchup

- 2 linguri ulei de masline

- 1 lingurita sos iute

- 1 lingurita zahar

- 1/4 linguriță sare

- 1/4 linguriță piper negru proaspăt măcinat

Legume

- 1 ardei gras roșu sau galben mare, tăiat în bucăți de 11/2 inch

- 2 dovlecei mici, tăiați în bucăți de 1 inch

- 8 uncii de ciuperci albe mici, proaspete, clătite ușor și uscate

- 6 eșalote moderate, tăiate la jumătate pe lungime

- 12 roșii cherry coapte

Directii

a) Combinați cafeaua, sosul de soia, ketchup-ul, uleiul, sosul iute, zahărul, sarea și piperul negru într-o cratiță mică. Gatiti 20 de minute la foc mic.

b) Aranjați ardeiul gras, dovlecelul, ciupercile, șalota și roșiile cherry pe frigărui într-o tavă de copt puțin adâncă.

c) Se toarnă jumătate din sosul de mop peste legumele frigarui și se lasă la marinat timp de 20 de minute la temperatura camerei.

d) Asezati frigaruile direct peste sursa de caldura de pe gratar.

e) Prăjiți până când legumele sunt rumenite și fragede, 10 minute în total, răsturnând o dată la jumătate.

f) Se transferă pe o farfurie și se stropește peste tot sosul rămas. Serviți imediat.

20. Frigarui de legume la gratar

Timp total de preparare: 20 minute

Timp total de gătire: 20 de minute

Randament: 4 portii

Ingrediente

- 1 cana patrunjel proaspat taiat cubulete grosiere
- 1 cană coriandru proaspăt tăiat cubulețe grosiere
- 3 catei de usturoi, macinati
- 1/2 lingurita coriandru macinat
- 1/2 linguriță de chimen măcinat
- 1/2 linguriță boia dulce
- 1/2 linguriță sare
- 1/4 linguriță cayenne măcinate
- 3 linguri suc proaspăt de lămâie
- 1/3 cană ulei de măsline
- 1 ardei gras roșu moderat, tăiat pe lungime în pătrate de 11/2 inch
- 1 vinete mică, tăiată în bucăți de 1 inch
- 1 dovlecel moderat, tăiat în bucăți de 1 inch
- 12 ciuperci albe, ușor clătite și uscate
- 12 roșii cherry coapte

Directii

a) Combina patrunjelul, coriandrul si usturoiul intr-un mixer sau robot de bucatarie si proceseaza pana se toaca fin.

b) Combinați coriandru, chimen, boia de ardei, sarea, piper cayenne, sucul de lămâie și uleiul într-un castron. Procesați până la omogenizare completă. Mutați într-un castron mic.

c) Preîncălziți grătarul.

d) Folosind frigarui, infiletati ardeiul gras, vinetele, dovlecelul si ciupercile.

e) Jumătate din sosul chermoula trebuie turnat peste legumele frigarui și lăsat la marinat timp de 20 de minute la temperatura camerei.

f) Așezați legumele frigăruite direct peste sursa de căldură pe grătarul încălzit.

g) Prăjiți până când legumele sunt rumenite și fragede, 10 minute în total, răsturnând o dată la jumătate.

h) Se transferă pe o farfurie și se stropește peste tot sosul rămas. Serviți imediat.

21. Patratele de mamaliga la gratar

Timp total de preparare: 15 min

Timp total de gătire: 15 min

Randament: 8 portii

Ingredient

- 2 linguri ulei de măsline extravirgin

- $\frac{1}{2}$ ceapă roșie de mărime medie; tocat mărunt

- 2 catei de usturoi; tocat mărunt

- 2 căni de stoc; preferabil de casă

- 2 căni de apă

- 1 lingurita sare de mare grunjoasa

- 1 cană mămăligă sau porumb galben măcinat grosier

- $\frac{1}{4}$ lingurita piper negru; Proaspăt măcinat

- ⅓ceașcă brânză Cotija; Proaspăt Ras

- 2 linguri de unt nesarat

- Ulei de masline; pentru periaj

Directii

a) Încinge uleiul de măsline într-o cratiță mare și grea la foc mic. Se caleste ceapa aproximativ 3 minute si apoi se adauga usturoiul.

b) Aduceți bulionul, apa și sarea la fiert la foc mare, amestecând din când în când.

c) Reduceți focul la mic și, după ce lichidul se fierbe, stropiți încet mămăligă într-un jet subțire, amestecând continuu.

d) Reduceți căldura la o setare foarte scăzută. Treceți pe o paletă de lemn și amestecați energic la fiecare 1 sau 2 minute, timp de 25 până la 30 de minute, sau până când boabele de mămăligă s-au înmuiat și amestecul se smulge de marginile cratiței. Adăugați piperul negru, cotija și untul și amestecați bine.

e) Folosind apă, clătiți și uscați o tigaie de 8 x 12 inchi. Se toarnă mămăliga în tigaie și se întinde uniform în tigaie cu o spatulă de cauciuc înmuiată în apă foarte fierbinte.

f) Se lasa deoparte 1 ora la temperatura camerei sau pana la 24 de ore la frigider, acoperit cu un prosop.

g) Aplicați ulei pe tigaia grătarului. Unge mamaliga cu ulei de masline si taie-o in 8 patrate egale.

h) Transferați pătratele în tigaia pentru grătar și gătiți timp de 8 minute pe fiecare parte sau până când se rumenesc.

22.   Snack crunch BBQ

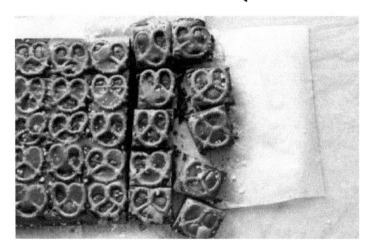

Timp total de pregătire: 10 minute

Timp total de gătire: 45 de minute

Randament: 18 porții

Ingredient

- 3 linguri de margarina sau unt; topit

- $\frac{1}{4}$ cană sos pentru grătar

- $\frac{3}{4}$ linguriță sare de usturoi

- $\frac{1}{4}$ linguriță condimente pentru grătar

- 7 căni de cereale Quaker¨ Oat Life

- 1 cană batoane de covrig

- 1 cană alune uscate la grătar

Directii

a) Preîncălziți grătarul la 250 de grade Fahrenheit.

b) Pune cereale, covrigei și migdale într-o tavă cu jeleu de 15 x 10 inci.

c) Topiți margarina într-o tigaie mică la foc mic. Se amestecă sosul de grătar, sarea de usturoi și condimentul pentru grătar timp de 3-5 minute sau până se îngroașă ușor.

d) Turnați sosul gratar uniform peste cereale. Se amestecă pentru a acoperi totul uniform.

e) Grill timp de 1 oră, amestecând la fiecare 20 de minute.

23.   Prajituri pentru aperitiv cu branza

Timp total de preparare: 10 minute

Timp total de preparare: 14 minute

Randament: 1 porție

Ingredient

- 1 cană de brânză cheddar dată prin răzătoare.

- $\frac{1}{2}$ cană maioneză sau unt înmuiat

- 1 cană de făină universală

- $\frac{1}{2}$ lingurita Sare

- 1 lingura de ardei rosu macinat

Directii

a) Umpleți cana de măsurare pe jumătate cu făină.

b) Combinați brânza, margarina, făina, sarea și ardeiul roșu într-un vas mediu.

c) Dați la frigider timp de 1 oră.

d) Faceți bile de 1 inch din aluat.

e) Pe o grătară neunsă, așezați bilele la 2 inci una de cealaltă.

f) Aplatizați cu o furculiță.

g) Prăjiți timp de 10-12 minute și serviți imediat.

24.   Chips-uri cu gustări de covrigi

Timp total de pregătire: 20 de minute

Timp total de gătire: 5 minute

Randament: 6 portii

Ingredient

- 6 covrigi simpli

- 6 linguri de unt; înmuiat

- 3 lingurite de usturoi, tocat

Directii

a) Așezați covrigișul plat pe tabla de tăiat pentru a segmenta.

b) Tăiați covrigișul în jumătate vertical cu un cuțit zimțat. Puneți jumătățile tăiate în jos pe tabla de tăiat. Tăiați jumătățile în segmente subțiri de 14 inci grosime.

c) Așezați pe un grătar.

d) Combinați untul și usturoiul într-un vas mic și întindeți-le pe segmentele de covrigi.

e) Prăjiți până când vârfurile segmentelor sunt ușor rumenite. Lăsați să se răcească pe un grătar.

25.   Mix pentru grătar

Timp total de preparare: 20 min

Timp total de gătire: 1 oră

Randament: 7 portii

Ingredient

- 1 cană Cheerios

- 1 cană de grâu mărunțit cât o lingură

- 1 cană Corn Chex sau tărâțe de porumb

- 1 cană Covrigei

- ½ cană alune uscate la grătar

- ½ cană semințe de floarea soarelui

- 1 lingura de unt sau margarina

- 1 lingură sos Worcestershire

- 1 lingurita chili pudra

- 1 lingurita oregano macinat

- 1 lingurita Boia

- 1 lingurita sos Tabasco; sau după gust

- ½ cană boabe de porumb sau nuggets de porumb

- 1 cană batoane de susan cu conținut scăzut de grăsimi

Directii

a) Preîncălziți grătarul la 350 de grade.

b) Într-un castron mare, combinați cerealele, covrigii, migdalele și semințele.

c) Într-un vas mic, combinați untul, Worcestershire, pudra de chili, oregano, boia de ardei și Tabasco. Se toarnă sosul peste amestecul de cereale și se amestecă bine.

d) Se întinde pe o tigaie și se fierbe timp de 15 minute, amestecând de două ori. Lasa sa se raceasca.

e) Se amestecă cu boabele de porumb și bețișoarele de susan și se servesc.

26.   nuci la gratar

Timp total de preparare: 5 minute

Timp total de preparare: 25 minute

Randament: 8

Ingredient

- 1 kilogram de migdale crude

- 1 kilogram de sticlă crudă

- 3 linguri Tamari

- 1 lingură chipotles măcinat

- 1 lingurita sare

Directii

a) Asezonați nucile cu sare și condimente chipotle.

b) Puneți foaia de copt și puneți nucile într-un singur strat.

c) Fumați timp de 30 de minute la 300 de grade, amestecând la fiecare 15 minute.

d) Lăsați să se răcească complet pentru a obține o textură crocantă.

27.   S'mores pe grătar

Timp total de preparare: 10 min

Timp total de gătire: 10 min

Randament: 4 portii

Ingrediente

- Puține biscuiți Graham

- O mână de bomboane cu lapte sau ciocolată neagră

- O mână de M și M

- O mână de căni cu unt de arahide

- O mână de ciocolată

- Puține Marshmallows

Directii

a) Preîncălziți grătarul la o setare medie.

b) Pe o suprafață plană, puneți o bucată de folie de 10" pe 12".

c) Se sfărâmă un biscuit Graham și se pune pe folie.

d) Puneți bomboana aleasă pe biscuitul Graham, apoi acoperiți cu bezele la alegere.

e) Înfășurați ușor în folie și acoperiți cu firimiturile de biscuiți Graham rămase.

f) Se încălzește timp de 2 până la 3 minute pe grătar sau până când marshmallow-ul se topește.

28. S'mores cu ardei la gratar

Timp total pentru preparare 2 minute

Timp total de gătire 3 minute

Randament: 6 porții

Ingredient

- 6 ardei intregi la gratar; decojite

- $\frac{1}{2}$ kg Mozzarella proaspătă

- 1 buchet Rozmarin

- Sare grunjoasă; la gust

- Piper negru proaspăt măcinat; la gust

- 3 lingurite ulei de masline

Directii

a) Pune o bucată de brânză în fiecare ardei.

b) Adăugați o crenguță mică de rozmarin, sare, piper și 1/2 linguriță de ulei de măsline pentru a termina. Închideți vârful fiecărui ardei cu partea tocată.

c) Preîncălziți grătarul la foc mediu-mare.

d) Așezați ardeii pe grătar și gătiți timp de 2 minute pe fiecare parte, rotind cu clește până când brânza se topește. Se ia de pe foc si se aseaza pe o farfurie de servire.

e) Stropiți cu ulei de măsline, asezonați cu sare și piper și acoperiți cu o crenguță de rozmarin. Serviți imediat.

29.   Rotunzi de roşii la grătar şi brânză

Timp total: 30 de minute

Randament: 4 portii

Ingredient

- 4 segmente Pâine, albă
- 1 roșie mare, ștersă și segmentată
- 4 segmente de brânză de capră rotunde de 2 uncii fiecare

Îmbrăcarea

- 2 linguri ulei de masline
- 2 lingurite suc de lamaie
- 1 lingurita otet, balsamic
- Sare si piper proaspat macinat
- Selecție de frunze de salată

Directii

a) Preîncălziți grătarul.

b) Tăiați patru rondele din segmentele de pâine cu un tăietor de metal rotund de 3 inci, apoi prăjiți într-un cuptor moderat timp de 1-2 minute sau până când devine maro auriu.

c) Acoperiți rondelele de pâine prăjită cu rondele de roșii și brânză de capră și încălziți încă 4-5 minute, până devin aurii.

d) Combinați ingredientele pentru dressing, apoi aranjați rondelele de brânză de capră la grătar pe un pat de frunze de salată verde pe farfurii de servire.

e) Presărați dressingul deasupra și serviți imediat.

30. Segmente de brânză albastră la grătar

Timp total: 30 min

Randament: 8 segmente

Ingredient
- $\frac{1}{4}$ cană margarină sau unt înmuiat
- $\frac{1}{4}$ cană brânză albastră măruntită
- 2 linguri de parmezan ras
- $\frac{1}{2}$ pâine franțuzească,tăiat orizontal

Directii

a) Combinați margarina și brânzeturile.
b) Întindeți amestecul de brânză pe o parte feliată.
c) Înfășurați strâns în folie de aluminiu.
d) Grătiți pâinea timp de 6 minute, rotind o dată, la 5 până la 6 inci de cărbuni moderati.

.

31. Bruscheta cu branza la gratar

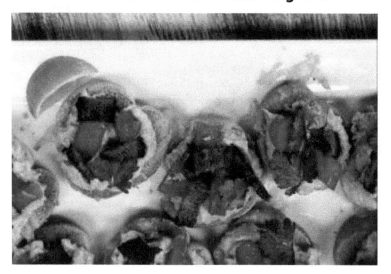

Timp total de pregătire: 15 minute

Timp total de gătire: 15 minute

Randament: 4 portii

Ingredient

- 8 bucăți groase de pâine
- ¼ cană ulei de măsline
- 5 catei de usturoi macinati
- 1 cană de brânză Monterey Jack
- 8 uncii brânză de capră moale
- 2 linguri de piper negru
- 2 linguri oregano

Directii

a) Ungeți uleiul de usturoi pe fiecare secțiune de pâine.
b) Prăjiți până se rumenesc ușor aurii, cu partea de ulei în jos.
c) Acoperiți fiecare secțiune cu 2 linguri Monterey Jack, 1 uncie brânză de capră, piper negru și oregano înainte de servire.
d) Prăjiți până când brânza începe să se topească.

LEGUME SIMPLE

32.   Shiitake cu Whisky şi Miso-Marinadă

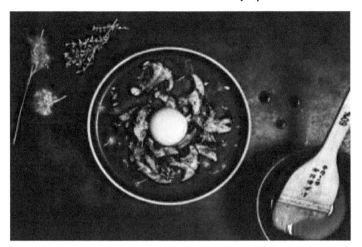

Timp total de preparare: 10 minute

Timp total de gătire: 3 minute

Randament: 6

Ingrediente

- 600 g shiitake
- Whisky și marinată de miso
- 4 linguri de whisky
- 4 linguri ulei de canola
- 2 linguri miso negru
- 2 linguri tamari
- suc de ½ lime
- 1 lingura zahar din trestie
- 1 catel de usturoi
- 1 lingurita ulei de susan

A servi

- 6 gălbenușuri de ou
- fulgi de sare de mare

Directii

a) Folosind un robot de bucătărie, combinați toate ingredientele pentru marinată.

b) Curățați și tăiați ciupercile în felii groase. Ungeți-le cu marinada și puneți-le pe o foaie de copt.

c) Preîncălziți grătarul.

d) Prăjiți ciupercile, răsturnându-le și acoperindu-le cu marinadă suplimentară, după cum este necesar. Ciupercile sunt gata când au căpătat o culoare maro-aurie caramelizată.

e) Pune ciupercile pe o farfurie. În centrul platoului se pune un gălbenuș de ou și se ornează cu cimbru, fulgi de sare de mare și petale de floarea de colț.

33.   Vinete marinate cu bere cu Shiitake

Timp total de pregătire: 10 minute

Timp total de gătire: 25 de minute

Randament: 6

Ingrediente

Vinete marinate cu bere

- 3 vinete mari

- 330 ml bere

- 2 catei de usturoi, usor macinati

- 2 linguri otet de malt

- 2 lingurite sare

Sos de rosii

- 6 roșii mari

- 2 linguri ulei de masline

- 2 cepe galbene mici, tocate mărunt

- 1 lingura piure de rosii

- 1 lingura otet de vin alb

- 1 lingura de catina pudrata

- 100 ml supa de ciuperci

- Shiitake aruncat în unt

- 2 linguri ulei de canola

- 300 g shiitake

- 2 linguri de unt nesarat

- 1 lingura de whisky

- sare

A servi

- 2-3 crengute de coriandru

Directii

a) Într-o pungă de plastic, combinați ingredientele marinate, apoi adăugați feliile de vinete.

b) Dați la frigider timp de 7-8 ore.

c) Taiati rosiile in jumatate si radeti marunt rosiile intr-un castron.

d) Într-o tigaie de mărime medie, încălziți uleiul de măsline și rumeniți ușor ceapa.

e) Ridicati putin temperatura dupa ce adaugati piureul de rosii.

f) Se toarnă oțetul, pudra de cătină, supa de ciuperci și roșiile rase. Reduceți focul la mic, asezonați cu sare după gust și gătiți timp de 20-30 de minute.

g) Scoateți feliile de vinete marinate și puneți la grătar până când au o crustă și o culoare adâncă.

h) Într-o tigaie se încălzește uleiul de canola până când se afumă. Adăugați ciupercile și gătiți până încep să se rumenească. Reduceți focul la mic și adăugați untul.

i) Serviți pe un platou sau într-un bol. Peste feliile de vinete se toarna putin sos de rosii, apoi se pun ciupercile si coriandru.

34. Sparanghel la grătar cu burrata, gălbenuş de ou şi sos kumquat

Timp total de preparare: 10 minute

Timp total de preparare: 5 minute

Randament: 6

Ingrediente

- 1 kg sparanghel

- 2 linguri ulei de canola

- Sos kumquat

- 12 kumquats, feliate

- 2 linguri turmeric ras

- 1 pastaie de vanilie despicata pe lungime

- anason de 3 stele

- 100 ml miere

- 300 ml apă

A servi

- 6 bile de burrata

- 6 gălbenușuri de ou

- 6 linguri Hrișcă prăjită

- 6 lingurițe de cenușă de praz

Directii

a) Într-o cratiță la foc mare, aduceți toate ingredientele la fiert timp de 10 minute.

b) Folosind o sită, strecoară sosul într-un bol.

c) Combină sparanghelul tăiat cu uleiul de canola într-un castron.

d) Așezați sparanghelul pe grătar. Rotiți-le înainte și înapoi timp de 5 minute, având grijă să nu le ardă. Odată ce s-au înnegrit ușor, ia-le de pe grătar.

e) Rupeți o minge de burrata în jumătate cu mâinile. Se aseaza pe o tava si se lasa deoparte sa se scurga de crema. Puneți o grămadă de sparanghel lângă el, acoperiți cu gălbenuș de ou, apoi tăiați burrata până când gălbenușul curge.

f) Stropiți deasupra 3-4 linguri de sos kumquat.

35.   Saramură de Est cu legume la grătar

Timp total de preparare: 10 minute

Timp total de gătire: 2 ore

Randament: 2 1/2 cani

Ingredient

- 6 catei de usturoi; tocat

- 2 linguri Ghimbir; tocat

- 2 tei

- $\frac{1}{2}$ cană frunze de mentă; tăiate cubulețe

- $\frac{1}{2}$ cană coriandru; tăiate cubulețe

- $\frac{1}{2}$ cană busuioc; tăiate cubulețe

- 3 ceapa verde; tocat

- 8 ardei iute Serrano; tocat

- $\frac{1}{2}$ cană ulei de măsline

- $\frac{1}{2}$ cană de Sherry; uscat

- $\frac{1}{4}$ cană sos de stridii

- $\frac{1}{4}$ cană sos de soia

- $\frac{1}{4}$ cană Miere

- 1 lingura sos chili

Directii

a) Scoateți și radeți coaja de lime și zeama de lime.

b) Amestecați ingredientele și marinați.

c) Grătiți timp de 2 ore rotind ocazional și, periând cu saramură.

36.   Conopida la gratar cu Gremolata

Timp total de pregătire: 20 de minute

Timp total de gătire: 30 de minute

Randament: 6

Ingrediente

- 2 capete de conopida

- 100 ml ulei de canola

- 150 g unt nesarat

- sare

- Gremolata

- 6 linguri frunze de patrunjel tocate marunt

- 2 linguri nuci de pin, prajite

- 1 lingura chili verde tocat marunt

- 1 lingura de usturoi tocat marunt

- 1 lămâie, tăiată fin

- fulgi de sare de mare

- 90 g coacaze albe

Directii

a) Pune o foaie de pergament puțin mai mică peste o foaie de folie de bucătărie puțin mai mare pentru a face un pachet în care să gătești conopida.

b) Într-un vas de amestecat, combinați toate ingredientele gremolatei.

c) Ungeți ușor fiecare felie de conopidă cu ulei pe ambele părți.

d) Așezați-le pe pergament, ungeți-le cu unt și asezonați-le cu sare. Grătar.

e) Îndoiți într-un pachet sigilat și puneți-l înapoi pe grătar - de preferință într-o poziție mai puțin încălzită - înainte de a închide capacul.

f) După 30 de minute, deschideți ambalajul și verificați dacă conopida a căpătat o superbă culoare auriu-brun.

g) Pe fiecare farfurie se pune cate o felie de conopida, apoi se pune deasupra o lingura generoasa de gremolata si coacazele albe.

37. Mazăre la grătar și ceapă primăvară cu muguri de fasole

Timp total de pregătire: 5 minute

Timp total de gătire: 20 de minute

Randament: 6

Ingrediente

- 12 cepe de primăvară mici

- 3 linguri ulei de masline

- 1 kg mazăre în păstăi

- 125 g muguri de fasole

- 10 g frunze de menta tocate

- fulgi de sare de mare

Directii

a) Împărțiți ceapa primăvară pe lungime, păstrând cât mai multe frunze.

b) Ungeți marginile tăiate ale ceapei cu ulei.

c) Puneți ceapa primăvară pe grătar și gătiți timp de 10 minute, sau până când au început să se înmoaie și au căpătat puțină culoare.

d) Întoarceți-le și gătiți încă 5 minute pe cealaltă parte. Pune deoparte ceapa primavara intr-un vas mare.

e) Puneți mazărea în păstăile lor pe grătar și gătiți până când păstăile încep să se înnegrească, 5 minute. Lăsați încă 5 minute după ce le răsturnați.

f) Scoateți mazărea din păstăi când sunt suficient de reci pentru a fi manipulate și puneți-le în bolul cu ceapa primăvară.

g) Turnați uleiul rămas în bol, urmat de mugurii de fasole și menta.

h) Se condimentează cu sare și se amestecă până când totul este aerisit – în mod ideal, folosind mâinile.

38.   Shiitake la grătar pe cărbune

Timp total: 10 minute

Randament: 4 portii

Ingredients

- 8 uncii Shiitake, spălate și tulpinile aruncate

- 1 lingura ulei de masline

- 1 lingura Tamari

- 1 lingura de usturoi, zdrobit

- 1 lingurita rozmarin, tocat

- Sare si piper negru

- 1 lingurita sirop de artar

- 1 lingurita ulei de susan

- Edamame

Directii

a) Marinați ciupercile timp de 5 minute cu celelalte ingrediente.

b) Peste jar pâna când se rumenesc ușor, capacele.

c) Top cu Edamame.

39.   Legume confetti la grătar

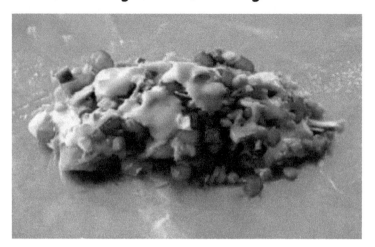

Timp total: 20 de minute

Randament: 4 portii

Ingredients

- 8 roșii cherry; - înjumătățit, până la 10
- 1½ cană porumb tăiat din știulete
- 1 ardei roșu dulce; juliană
- ½ ardei verde moderat; juliană
- 1 ceapa mica; Segmentat
- 1 lingura frunze proaspete de busuioc; tăiate cubulețe
- ¼ linguriță coajă de lămâie rasă
- Sare si piper; la gust
- 1 lingura + 1 lingurita unt nesarat sau; margarină; tăiat în

Directii

a) Într-un castron mare, combinați toate ingredientele, cu excepția untului; se amestecă ușor pentru a se combina.

b) Așezați fiecare jumătate în centrul unei foi de folie de aluminiu rezistentă.

c) Întindeți unt pe legume.

d) Aduceți colțurile foliei împreună și răsuciți pentru a sigila.

e) Prăjiți pachetele de folie timp de 15 până la 20 de minute pe cărbuni moderat încinși sau până când legumele sunt gătite.

f) Serviți imediat.

40. Căderea legumelor pe grătar

Timp total de pregătire: 20 de minute

Timp total de gătire: 30 de minute

Randament: 1 porție

Ingredients

- 2 Coacerea cartofilor,decojite și tăiate cubulețe

- 2 cartofi dulci,decojite și tăiate cubulețe

- 1 dovleac ghindă,decojite și tăiate cubulețe

- $\frac{1}{4}$ cană unt; topit

- 3 linguri ulei vegetal

- 1 lingura de cimbru

- Sare si piper dupa gust

Directii

a) Pregătiți grătarul pentru grătar indirect.

b) Combinați legumele, uleiul, sare și piper într-un bol de amestecare.

c) Pe o farfurie mică, combinați untul și cimbrul.

d) Pune legumele pe gratar.

e) Gatiti 15 minute cu blatul inchis.

f) Întoarceți, ungeți cu amestecul de unt și cimbru și gătiți
încă 15 minute până când legumele sunt moi.

41.   Dovleac ghinda la gratar si sparanghel

Timp total de preparare: 10 min

Timp total de gătire: 25 min

Randament: 1 porție

Ingrediente

- 4 Dovleac ghindă
- Sare; la gust
- Piper; la gust
- 4 crengute de rozmarin
- 4 linguri ceapa; tocat
- 4 linguri telina; tocat
- 4 linguri Morcovi; tocat
- 4 linguri ulei de masline
- 2 căni de bulion de legume
- 1 kg quinoa; spălat
- 2 kilograme de ciuperci sălbatice proaspete
- 2 kilograme de sparanghel

Directii

a) Frecați sare, piper, ulei și rozmarin peste tot interiorul dovleacului ghindă.

b) Grill timp de 8 minute, cu fața în jos.

c) Întoarceți, gătiți 20 de minute, acoperit, cu rozmarin înăuntru.

d) Gatiti impreuna ceapa, telina, morcovii si 1 lingura ulei de masline intr-o cratita.

e) Adăugați bulionul și quinoa și aduceți la fierbere. Se fierbe timp de 10 minute cu capacul complet închis. Descoperiți dovleceii și umpleți-i cu amestecul de quinoa. Gatiti inca zece minute.

f) Aruncați ciupercile și sparanghelul cu un strat ușor de ulei de măsline, sare și piper.

g) Grill timp de 3 minute pe fiecare parte.

h) Serviți dovleceii cu quinoa înăuntru și sparanghel și ciuperci presărate.

42. Vinete cu rosii afumate si nuci de pin

Timp total de preparare: 30 minute

Timp total de gătire: 30 de minute

Randament: 6

Ingrediente

- 6 vinete medii

- 3 lămâi

- 400 ml apă

- 1 lingurita sare

- 2-3 căței de usturoi, zdrobiți

- 1 crenguță de pătrunjel

- 1 crenguță de leuștean

- 1 lingurita boabe de piper negru

- 1 lingurita seminte de coriandru

- 12 roșii afumate

- 2 oz. nuci de pin, prajite

- 1 crenguță de pătrunjel

Directii

a) După ce ați străpuns vinetele în câteva locuri, puneți-le direct pe cărbunele încins.

b) Prăjiți vinetele timp de 15 minute, sau până când pielea este prăjită și pulpa este fragedă.

c) Tăiați lămâile în jumătate și gătiți-le cu partea tăiată în jos până când capătă o culoare.

d) Odată ce vinetele s-au răcit, curățați-le de coajă, asigurându-vă că îndepărtați toată coaja carbonizată.

e) Într-o cratiță, aduceți apa și sarea la fiert. Luați tigaia de pe foc. Usturoiul, pătrunjelul, leușteanul, boabele de piper și semințele de coriandru ar trebui adăugate acum.

f) Se adauga lichidul de vinete ramas si uleiul afumat din rosii.

g) Pe fiecare farfurie se aseaza cate o felie de vinete si doua rosii afumate. Adăugați o lingură de nuci de pin deasupra. Adăugați puțin bulion, jumătate de lămâie și frunze de pătrunjel deasupra.

43. Sfeclă roşie prăjită cu Feta şi Dukkah

Timp total de preparare: 20 minute

Timp total de gătire: 1 oră

Randament: 6

Ingrediente

- 6 sfeclă roșie mică

- 6 felii de pâine cu aluat

- unt nesarat

- 2 oz. feta, de preferinta facuta cu lapte de capra

- 6 lingurițe Dukkah

- ierburi proaspete amestecate, de exemplu oregano, pătrunjel, shiso și busuioc

- fulgi de sare de mare

Directii

a) Ridicați sfecla roșie și puneți-le pe partea fără cărbune a grătarului.

b) Închideți capacul și prăjiți timp de 1 oră la foc indirect, până când sfecla este fragedă când este presată ușor.

c) Odată ce sfecla roșie este suficient de rece pentru a fi manevrat fără să vă ardeți, curățați-le de coajă.

d) Ungeți bucățile de pâine cu unt, apoi grătar-le rapid pe o parte, fără unt, apoi răsturnați-le și încălziți până când apar dungi clare de grătar.

e) Tăiați sfecla în felii și acoperiți cu crumble de feta. Pune-le pe gratar pentru cateva minute pentru a se topi branza.

f) Puneți câteva felii de sfeclă roșie cu feta pe fiecare felie de pâine prăjită, acoperiți cu Dukkah, ierburi și fulgi de sare de mare și serviți.

44. Saramură legume la grătar

Timp total de preparare: 15 minute

Timp total de gătire: 1 oră

Randament: 6 porții

Ingredient

- 2 cani de ulei de masline extravirgin

- $\frac{1}{2}$ cană de oțet balsamic

- 2 linguri de eșalotă tocată

- 1 lingura pasta de usturoi tocata

- $\frac{1}{2}$ cană sifonată de busuioc

- 1 cap de radicchio; sferturi

- 2 roșii creole; Segmentat 1/4 grosime

- 1 ceapa rosie; Segmentat 1/4 inele

- 1 dovlecel; Segmentat 1/4 grosime

- 2 cani Ciuperci salbatice asortate segmentate

- 1 dovleac galben; Segmentat 1/4 grosime

- $\frac{1}{2}$ kilograme de sulițe de sparanghel; albit

- 1 sare; la gust

- 1 piper negru proaspăt măcinat; la gust

Directii

a) Încinge grătarul. Se condimentează legumele cu 2 linguri de ulei de măsline, sare și piper.

b) Pune toate legumele pe gratar (cu exceptia ciupercilor) si grate-le 2 minute pe fiecare parte.

c) Într-un vas de amestecat, amestecați uleiul de măsline, oțetul, șoapele, usturoiul și busuiocul. Asezonați saramura cu sare și piper.

d) Scoateți legumele de pe grătar. Într-un vas de sufleu din sticlă, alternează diferitele legume. Se toarnă saramura peste legume și se lasă la marinat timp de 12 ore sau peste noapte.

45. Chimichurri legume la grătar

Timp total de preparare: 30 minute

Timp total de gătire: 15 minute

Se obțin 4 porții

Ingrediente

- 2 eșalote moderate, tăiate în sferturi

- 3 catei de usturoi, macinati

- 1/3 cană frunze de pătrunjel proaspăt

- 1/4 cană frunze de busuioc proaspăt

- 2 lingurite de cimbru proaspat

- 1/2 linguriță sare

- 1/4 linguriță piper negru proaspăt măcinat

- 2 linguri suc proaspăt de lămâie

- 1/2 cană ulei de măsline

- 1 ceapă roșie moderată, tăiată în jumătate pe lungime, apoi tăiată în sferturi

- 1 cartof dulce moderat, decojit și tăiat în bucăți de 1/2 inch

- 1 dovlecel mic, tăiat în diagonală segmente groase de 1/2 inch

- 2 pătlagini coapte, tăiate în jumătate pe lungime, apoi tăiate în jumătate pe orizontală

Directii

a) Preîncălziți grătarul.

b) Se amestecă eșalota și usturoiul într-un mixer sau robot de bucătărie până se toacă mărunt.

c) Pulsați până când pătrunjelul, busuiocul, cimbrul, sarea și piperul sunt tocate mărunt. Procesați până când sucul de lămâie și uleiul de măsline sunt bine combinate. Mutați într-un castron mic.

d) Ungeți legumele cu sosul Chimichurri.

e) Pune-le pe gratar sa se gateasca.

f) Continuați să gătiți pe grătar până când legumele sunt moi, 10 până la 15 minute pentru toate, cu excepția pătlaginelor, care ar trebui să fie făcute în 7 minute.

g) Serviți imediat cu un strop de sos rămas.

GARNITURI

46. Praz la gratar cu sampanie

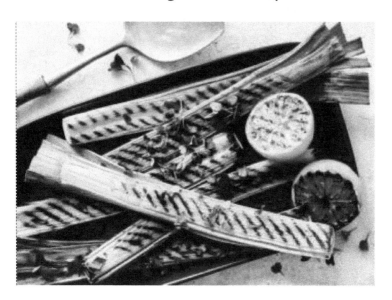

Timp total de preparare: 10 minute

Timp total de gătire: 23 minute

Randament: 4 portii

Ingrediente

- 6 scurgeri de dimensiuni medii, tăiate

- 2 linguri ulei de masline

- 1 cană de cimbru proaspăt; taiat aproximativ cubulete

- 2 căni de șampanie

- 1 cană de stoc

- 1 cană brânză feta mărunțită

- Sare si piper; la gust

Directii

a) Încinge uleiul de măsline într-o tigaie mare la foc mediu.

b) Adăugați cimbrul în uleiul încălzit și amestecați timp de 1 minut. Prăzește prazul timp de 3 minute sau până când se rumenește ușor pe toate părțile.

c) Adăugați șampania și bulionul și gătiți până când prazul este moale, aproximativ 8 minute. Scoateți prazul din tigaie și puneți-l deoparte.

d) Fierbeți sosul rămas în tigaie până când s-a redus la jumătate.

e) Între timp, prăjiți prazul timp de 8 până la 10 minute la un foc moderat de cărbune, rotindu-se de mai multe ori.

f) Scoateți prazul de pe grătar și tăiați-l în jumătate pe lungime.

g) Serviți imediat, acoperind fiecare porție cu feta și un strop de sos redus.

47.   Cartofi la grătar cu brânză

Timp total de preparare: 10 minute

Timp total de gătire: 35 minute

Randament: 4 portii

Ingrediente

- 3 cartofi rușini, fiecare tăiat în 8, felii pe lungime

- 1 ceapă, segmentată subțire

- 2 linguri ulei de masline

- 1 lingura patrunjel proaspat taiat cubulete

- $\frac{1}{2}$ linguriță pudră de usturoi

- $\frac{1}{2}$ lingurita Sare

- $\frac{1}{2}$ linguriță de piper măcinat grosier

- 1 cană brânză cheddar măruntită sau brânză Colby-jack

Directii

a) Într-un vas mare, combinați rondelele de cartofi, ceapa, uleiul, pătrunjelul, pudra de usturoi, sare și piper.

b) Puneți într-un singur strat într-o tigaie de folie pentru grătar. Acoperiți cu o a doua tavă de folie. Folosiți folie pentru a întări marginea sigilată a pachetului.

c) Puneți pe un grătar la foc mediu și gătiți timp de 40 până la 50 de minute sau până când se înmoaie, scuturând pachetul din când în când și rotindu-l cu susul în jos la jumătatea grătarului. Scoateți capacul și acoperiți cu brânză.

d) Gatiti inca 3-4 minute, acoperit, pana cand branza se topeste.

48. Dovlecei şi dovlecei la grătar

Timp total de pregătire: 10 minute

Timp total de gătire: 15 minute

Randament: 4 portii

Ingrediente

- ¼ cană ulei de măsline

- 1 lingura de usturoi tocat

- ¼ cană ardei iute proaspăt tocat

- 2 linguri de seminţe Comino

- Sare si piper dupa gust

- 2 dovlecei moderati, tăiaţi pe lungime

- 2 dovlecei de vară moderati, tăiaţi

- ¼ cană ulei de măsline

- ⅓cană suc proaspăt de lămâie

- 3 linguri Miere

- ¼ cană Coriandru proaspăt tăiat cubuleţe

- Sare si piper dupa gust

Directii

a) Pentru a face dressingul, amestecaţi toate ingredientele într-un vas mic şi puneţi-le deoparte.

b) Într-un castron mediu, combinați uleiul de măsline, usturoiul, ardeiul și semințele Comino. Amestecați bine dovleceii și scândurile de dovlecel până când dovleceii sunt acoperiți.

c) Preîncălziți grătarul la mediu-mare și gătiți dovleceii timp de aproximativ 3 minute pe fiecare parte sau până când se rumenesc bine.

d) Scoateți dovleceii de pe grătar, puneți-i pe un platou și stropiți cu dressing înainte de servire.

49.   Bok Choy la grătar

Timp total de pregătire: 10 minute

Timp total de gătire: 15 minute

Randament: 6

Ingredients

- 2 capete bok choy

- $\frac{1}{4}$ cană oțet de vin de orez

- 1 lingura sos chili

- Sare si piper

- $\frac{3}{4}$ cană ulei vegetal

- 2 ceai verde; tăiate cubulețe

- 2 linguri de seminte de susan

Directii

a) Într-un vas, combinați oțetul, sosul de chili, sare și piper.

b) Amestecați uleiul. Adăugați ceapa și semințele de susan și amestecați bine.

c) Preîncălziți grătarul și puneți bucățile de bok choy timp de 2 până la 5 minute, până când sunt crocante și fragede.

50.   Morcovi prăjiţi cu cărbune cu bulion de leuştean

Timp total de pregătire: 15 minute

Timp total de gătire: 15 minute

Randament: 6

Ingrediente

- 6 morcovi medii, de preferință violet

Bulion de leuștean

- 2 litri bulion de legume

- 1 bucată de turmeric, tăiată cu piele

- 1 lingurita boabe de piper negru

- 1 lingurita seminte de coriandru

- 1 lingurita piper Sichuan

- 1 lingura otet de vin alb

- 1 crenguță de leuștean

- fulgi de sare de mare

A servi

- leuștean

- frunze de patrunjel

- nasturel

- ulei de canola presat la rece

Directii

a) Aduceți la fierbere supa de legume, turmericul, boabele de piper, semințele de coriandru și ardeiul de Sichuan. Amestecați leușteanul și oțetul.

b) Se amestecă de câteva ori, apoi se acoperă și se lasă deoparte timp de 20 de minute. Se strecoară și se condimentează cu sare și piper.

c) Umpleți până la jumătate grătarul cu cărbune sau bușteni, astfel încât să puteți prăji morcovii mai târziu folosind căldură indirectă. Aprindeți grătarul și, după ce este fierbinte, puneți morcovii direct pe cărbuni pentru a permite stratului exterior să ardă. Folosind cleşti, întoarceți de multe ori.

d) Ridicați morcovii și puneți-i pe partea fără cărbune a grătarului. Închideți capacul și prăjiți timp de 30 de minute la căldură indirectă.

e) Tăiați morcovii în felii groase de 1 cm.

f) Terminați cu bulion și câteva picături de ulei parfumat de canola presat la rece după ce ați acoperit feliile de morcov, ierburile și cresonul.

51.   Sparanghel la gratar

Timp total de pregătire: 15 minute

Timp total de gătire: 3 minute

Randament: 4

Ingrediente

- 1 buchet sparanghel

- 1/2 cană oțet balsamic

- Sare

Directii

a) Preîncălziți grătarul, fie pe gaz, fie cărbune.

b) Lăsați 15-30 de minute pentru ca oțetul să se înmoaie în sparanghel. Marinați timp de 1 oră pentru aroma optimă.

c) Așezați încet sparanghelul pe grătarul de sus al grătarului.

d) Gătiți până când este crocant, fraged și frumos rumenit.

52.   Ciuperci Portobello la gratar

Timp total de pregătire: 10 minute

Timp total de gătire: 6 minute

Randament: 4 portii

Ingrediente

- 4 ciuperci Portobello

- 1/2 cană ardei gras roşu, tocat

- 1 catel de usturoi, tocat

- 4 linguri ulei de masline

- 1/4 lingurita praf de ceapa

- 1 lingurita sare

- 1/2 lingurita piper negru macinat

Directii

a) Preîncălziți un grătar exterior la foc mediu și ungeți uşor grătarul.

b) Spălați ciupercile și îndepărtați tulpinile.

c) Combinați ardeiul gras roşu, usturoiul, uleiul, praful de ceapă, sarea și piperul negru măcinat într-un castron mare.

d) Aplicați amestecul pe ciuperci.

e) Grătiți timp de 15 până la 20 de minute la căldură indirectă sau pe lângă cărbunii încinși.

53.   Chips-uri condimentate la grătar

Timp total de pregătire: 30 de minute

Timp total de gătire: 15 minute

Randament: 4 până la 6 porții

Ingredient

- 1 kg de cartofi, segmentați în cartofi prăjiți și fierți

- 3 linguri ulei de masline

- 3 linguri ulei vegetal

- 2 catei de usturoi fiecare, tocati

- 1 praf de Cayenne

- Sare si piper

- $1\frac{1}{2}$ linguriță pudră de chili

Directii

a) Combinați amestecul de condimente.

b) Scurgeți cartofii prefierți și aruncați-i imediat în amestecul de condimente care a fost pregătit.

c) Se amestecă ușor și se transferă pe un grătar fierbinte.

d) Prăjiți chipsurile peste cărbuni încinși.

e) Ungeți cartofii cu orice amestec de condimente rămas în timp ce continuă să se gătească.

54.   Cartofi copți la grătar

Timp total de preparare: 15 minute

Timp total de gătire: 34 minute

Randament: 2

Ingrediente

- 6 Coacerea cartofilor

- 1 ceapă; tocat

- 4 uncii. Ardei iute verzi

- 4 uncii. Măsline negre; tocat

- 1/4 lingurita praf de usturoi

- 1/2 lingurita piper lamaie

- Folie de aluminiu

Directii

a) Spălați și feliați cartofii pentru copt, dar lăsați coaja.

b) Distribuiți uniform ingredientele pe pătrate de folie.

c) Sigilați capetele prin suprapunerea foliei.

d) Grătiți timp de 45-55 de minute pe un grătar.

55.   Ceapa la gratar

Timp total de pregătire: 10 minute

Timp total de gătire: 45 de minute

RANDAMENT: 2 căni

Ingrediente

- 6 Cepe moderate, decojite

- 6 linguri de unt sau ulei

- Sare

- Piper negru proaspăt măcinat

Directii

a) Jumătate de ceapă și așezați-o pe un gratar uns cu grătar.

b) Ungeți cu unt și gătiți timp de 45 de minute, stropind cu mai mult unt sau ulei după cum este necesar pentru a menține umiditatea.

c) Se condimenteaza cu sare si piper dupa gust

d) Serviți cald sau rece.

56.   Ceapă verde la grătar în sos de migdale

Timp total pentru preparare 15 minute

Timp total de gătire 35 de minute

Randament: 6 porții

Ingrediente

- 24 de ceai; capetele rădăcinilor tăiate

- 3 linguri migdale, prăjite

- 2 roșii prune; taiat aproximativ cubulete

- 2 catei de usturoi; subțire Segmentată

- 1 lingură boia spaniolă

- 10 frunze de mentă

- 2 linguri patrunjel proaspat; tăiate cubulețe

- $\frac{1}{4}$ cană ulei de măsline extravirgin

- 2 linguri de otet

Directii

a) Preîncălziți grătarul.

b) Puneți ceapa pe partea mai rece a grătarului și gătiți timp de 2 minute pe fiecare parte sau până când este verde închis și fraged.

c) Într-un mojar, combinați migdalele, roșiile, usturoiul, boia de ardei, menta și pătrunjelul.

d) Puneți într-un vas de amestecare după măcinare până la o pastă fină. Se amestecă oțetul.

e) Scoateți ceapa de pe grătar și aruncați-le în vas.

f) Serviți cald sau rece.

57.   Kale prăjită

Timp total: 30 min

Randament: aproximativ 8–10

Ingrediente

- 500 g varza kale

- 4 catei mici de usturoi

- ½ cană ulei de măsline

- sare de mare și piper negru proaspăt măcinat

Directii

a) Preîncălziți cuptorul la 120 de grade Celsius (250 de grade Fahrenheit/gaz 12).

b) Stropiți ulei de măsline peste frunzele de kale și usturoiul pe o tavă de copt. Se asezoneaza dupa gust cu sare si piper.

c) Grill timp de 20 de minute, ferit de căldură.

d) Scoateți frunzele prăjite și puneți-le pe un grătar să se răcească, folosind pergamentul de copt pentru a prinde orice ulei în plus.

SALATE

58.   Rucola și salată de legume la grătar

Timp total de pregătire: 10 minute

Timp total de gătire: 20 de minute

Randament: 8 portii

Ingredients

- $1\frac{1}{2}$ cană ulei de măsline

- $\frac{1}{4}$ cană suc de lămâie

- $\frac{1}{4}$ cană oțet balsamic

- $\frac{1}{4}$ cană ierburi proaspete

- 4 stropi de sos Tabasco

- Sare si piper dupa gust

- 2 ardei gras roșii; înjumătățit

- 3 roșii prune; înjumătățit

- 2 cepe roșii moderate

- 1 vinete mici; Segmentat

- 10 ciuperci nasturi

- 10 cartofi roșii mici; gătit

- $\frac{1}{3}$cană ulei de măsline

- Sare si piper dupa gust

- 3 legături de rucola; spălate și uscate

- 1 kg Mozzarella; subțire Segmentată

- 1 cană măsline negre; cu sâmburi

Directii

a) Într-un vas, amestecați uleiul de măsline, sucul de lămâie, oțetul, ierburile, sosul Tabasco și sare și piper. Pune deoparte.

b) Într-un castron mare, combinați ardeii, roșiile, ceapa, vinetele, ciupercile și cartofii.

c) Amestecați uleiul de măsline, sare și piper până când legumele sunt complet acoperite. Grătiți timp de 4 până la 6 minute pe fiecare parte.

d) Scoateți de pe grătar și tăiați în bucăți mici de îndată ce este suficient de rece pentru a fi manipulat.

e) Pe un vas mare, puțin adânc, faceți un pat de rucola.

f) Peste rucola așezați legumele la grătar, apoi acoperiți cu mozzarella și măsline și serviți cu dressing în lateral.

59. Salată de avocado și orez

Timp total de pregătire: 15 minute

Timp total de gătire: 20 de minute

Randament: 4 portii

Ingrediente

- 1 cană de orez Wehani

- 3 roșii prune coapte; însămânțate și tăiate cubulețe

- $\frac{1}{4}$ cană ceapă roșie tăiată cubulețe

- 1 ardei Jalapeño mic; însămânțate și tăiate cubulețe

- $\frac{1}{4}$ cană coriandru tăiat mărunt

- $\frac{1}{4}$ cană ulei de măsline extravirgin

- 1 lingura suc de lime

- $\frac{1}{8}$ linguriță de semințe de țelină

- Sare si piper; la gust

- 1 avocado copt

- Mix de verdeață pentru copii

Directii

a) Gătiți orezul Wehani conform instrucțiunilor de pe ambalaj și apoi întindeți-l pe o tavă de copt.

b) Combinați orezul, roșiile, ceapa roșie, ardeiul jalapeño și coriandru într-un castron mare. Adăugați suc de lămâie, ulei de măsline extravirgin, semințe de țelină, sare și piper după gust

c) Curățați și segmentați avocado înainte de servire. Aranjați segmentele deasupra unui pat de verdeață pentru copii asortate.

d) Puneți salata de orez Wehani deasupra avocado.

e) Acoperiți cu legume la grătar.

60.   Orez brun și legume la grătar

Timp total de preparare: 15 minute

Timp total de gătire: 30 de minute

Randament: 6 porții

Ingrediente

- 1½ cană de orez brun

- 4 dovlecei fiecare, tăiați în jumătate pe lungime

- 1 ceapă roșie mare, tăiată transversal în 3 segmente groase

- ¼ cană ulei de măsline

- ⅓ cană ulei de măsline

- 5 linguri sos de soia

- 3 linguri sos Worcestershire

- 1½ cană așchii de lemn Mesquite înmuiate în apă rece

- 2 cani boabe de porumb proaspete

- ⅔ ceașcă suc proaspăt de portocale

- 1 lingura suc proaspat de lamaie

- ½ cană pătrunjel italian tăiat cubulețe

Directii

a) Gătiți orezul până când este fiert într-o cratiță mare cu apă clocotită cu sare, aproximativ 30 de minute. Scurgeți bine.

b) Într-un vas puțin adânc, combinați uleiul, sosul de soia și sosul Worcestershire; se toarna peste bucatele de dovlecel si ceapa. Lăsați 30 de minute pentru marinare, rotind legumele o dată în tot acest timp.

c) Preîncălziți grătarul.

d) Scurgeți așchiile de mezquite și împrăștiați-le peste cărbuni până devin albe.

e) Puneți ceapa și dovlecelul pe grătar când chipsurile încep să fumeze.

f) Se presară cu sare și piper.

g) Gatiti pana se inmoaie si devin aurii, intoarcendu-se o data sau de doua ori si ungeti cu saramura. Scoateți legumele de pe grătar.

h) Se taie bucățile de ceapă și se taie dovlecelul în bucăți de 1 inch.

i) Combinați orezul și porumbul răcit într-un vas de servire.

j) Amestecă suc de portocale, sucul de lămâie, 1/3 cană de ulei, 3 lingurițe de sos de soia și 1 lingură de sos Worcestershire într-un castron. Se toarnă peste salată și se amestecă bine.

k) Se condimenteaza cu sare si piper dupa ce adaugi patrunjelul.

l) Serviți salata cu o parte de dressing suplimentar.

61.   Salata de rosii cherry si ceapa la gratar

Timp total de preparare: 5 minute

Timp total de preparare: 5 minute

Randament: 4 portii

Ingrediente

- 1 ceapă mare, segmentată subțire

- 1 lingura de ulei vegetal

- 1 litru de roșii cherry roșii cu tulpină și tăiate la jumătate

- 1 halbă de roșii cherry galbene

- 1 cățel de usturoi, tocat

- ⅓cană de ulei de măsline

- ¼ cană de oțet de vin

- 1 lingura de otet balsamic

- 2 linguri patrunjel italian, taiat cubulete

- Sare

- Piper măcinat

Directii

a) Într-o grătar mare, rumeniți ceapa în ulei vegetal și combinați cu roșiile cherry și ingredientele pentru dressing.

b) Servi.

62.   Salată de grădină lângă grătar

Timp total de preparare: 5 minute + răcire

Randament: 6 porții

Ingrediente

- 2 roșii moderate afumate, fără semințe și tăiate cubulețe

- 1 dovlecel la grătar moderat, tăiat cubulețe

- 1 cană de porumb sâmbure întreg congelat, dezghețat

- 1 avocado mic, copt, decojit, fără semințe și tăiat cubulețe grosiere

- ⅓ceașcă ceapă verde segmentată subțire cu blat

- ⅓cană Sos Pace Picante

- 2 linguri ulei vegetal

- 2 linguri coriandru proaspăt sau pătrunjel tăiat cubulețe

- 1 lingură suc de lămâie sau lămâie

- $\frac{3}{4}$ linguriță sare de usturoi

- $\frac{1}{4}$ linguriță de chimion măcinat

Directii

a) Într-un castron mare, combinați roșiile afumate, dovleceii la grătar, porumb, avocado și ceapa verde.

b) Combinați ingredientele rămase și amestecați bine.

c) Turnați peste amestecul de legume și amestecați ușor. Se dă la rece 3-4 ore, amestecand usor din cand in cand.

d) Se amestecă ușor sosul Picante și se servește rece sau la temperatura camerei.

63.   Sparanghel şi roşii la grătar

Timp total de preparare: 5 minute

Timp total de gătire: 15 minute

Randament: 1 porție

Ingrediente

- 12 uncii de sparanghel, tăiat

- 6 roșii coapte, tăiate la jumătate

- 3 linguri ulei de masline

- Sare si piper

- 1 cățel de usturoi, tocat

- 1 lingura Mustar

- 3 linguri otet balsamic

- ⅓cană ulei de măsline

- Sare si piper

Directii

a) Preîncălziți tigaia pentru grătar la foc mediu-mare.

b) Combinați sparanghelul, uleiul de măsline, sare și piper într-un castron mare. Ungeți roșiile din vas cu uleiul de măsline rămas.

c) Sparanghelul și roșiile la grătar separat până devin moi, dar nu moale.

d) Folosind un tel, combina usturoiul, mustarul, otetul balsamic si uleiul de masline intr-un vas. Se condimenteaza cu sare si piper dupa gust.

e) Serviți legumele la grătar cu vinaigretă stropite deasupra.

64.   Salata de porumb la gratar

Timp total de pregătire: 10 minute

Timp total de gătire: 10 minute

Randamente: 4

Ingrediente

- 1 1/2 linguriță. ulei de masline

- 1/2 lingurita. sare

- 4 spice de porumb

- 1/4 lingurita. piper

- 2 T. suc de lamaie

- 1/8 lingurita. praf de usturoi

- 1 1/2 linguriță. ulei de masline

- 1 cană roșii tăiate cubulețe

- 2 lingurite. Zahăr

- 1 cană de castraveți tăiați cubulețe, fără semințe și curățați de coajă

Directii

a) Ungeți porumb cu 1 1/2 linguriță ulei de măsline

b) Așezați porumbul pe grătar și gătiți timp de 20 de minute, rotind la fiecare cinci minute, sau până când se rumenește ușor. Lasa sa se raceasca.

c) Într-un vas mediu, combinați sucul de lămâie, uleiul de măsline, zahărul, sarea, piperul și pudra de usturoi.

d) Aruncați porumbul, roșiile și castraveții. Amesteca

SEITAN, TEMPEH ȘI TOFU

65. Broşete de seitan cu piersici

Timp total de pregătire: 10 minute

Timp total de gătire: 22 de minute

Se dau 4 portii

Ingrediente

- 1/3 cană oțet balsamic

- 2 linguri vin rosu sec

- 2 linguri de zahar brun deschis

- 1/4 cană busuioc proaspăt tocat

- 1/4 cană maghiran proaspăt tocat

- 2 linguri de usturoi tocat

- 2 linguri ulei de masline

- Seitan de 1 kilogram, tăiat în bucăți de 1 inch

- 2 eşalote, tăiate în jumătate pe lungime şi albite

- Sare şi piper negru proaspăt măcinat

- 2 piersici coapte, fără sâmburi şi tăiate în bucăți de 1 inch

Directii

a) Într-o cratiță mică, aduceți oțetul, vinul şi zahărul la fiert. Reduceți focul la mediu şi gătiți, amestecând din când în când, până când lichidul s-a redus la jumătate, aproximativ 15 minute.

b) Combinați busuiocul, maghiranul, usturoiul și uleiul de măsline într-un castron mare. Adăugați seitan, eșalotă și piersici pentru a acoperi.

c) Se asezoneaza dupa gust cu sare si piper.

d) Ungeți seitanul, șalota și piersicile cu amestecul de balsamic după ce le-ați atașat pe frigărui.

e) Puneți broșetele pe grătar și gătiți timp de 3 minute pe fiecare parte, sau până când seitanul și piersicile sunt fierte.

f) Se serveste imediat dupa ce se peria cu amestecul balsamic ramas.

66.   Seitan la gratar si brochete de legume

Timp total de preparare 50 de minute
Timp total de gătire 10 minute
Se dau 4 portii

Ingrediente

- 1/3 cană oțet balsamic

- 2 linguri ulei de masline

- 1 lingura oregano proaspat tocat

- 2 catei de usturoi, tocati

- 1/2 linguriță sare

- 1/4 linguriță piper negru proaspăt măcinat

- Seitan de 1 kilogram, tăiat în cuburi de 1 inch

- 7 uncii ciuperci albe mici

- 2 dovlecei mici, tăiați în bucăți de 1 inch

- 1 ardei gras galben mediu, tăiat în pătrate de 1 inch

- roșii cherry coapte

Directii

a) Combinați oțetul, uleiul, oregano, cimbru, usturoi, sare și piper negru într-un castron mediu.

b) Întoarceți pentru a acoperi seitanul, ciupercile, dovlecelul, ardeiul gras și roșiile. Marinați timp de 30 de minute la temperatura camerei, întorcându-le din când în când.

c) Încinge grătarul.

d) Folosind frigarui, infiletati seitanul, ciupercile si rosiile.

e) Puneți frigăruile pe grătarul încins și gătiți timp de aproximativ 10 minute în total, rotind o dată la jumătate.

f) Serviți imediat cu o cantitate mică din marinada rezervată stropită deasupra.

67. Sandwich cubanez cu seitan

Timp total de preparare: 15 minute
Timp total de gătire: 35 de minute
Randament: 4
Ingrediente
Seitan prajit Mojo:

- 3/4 cană suc proaspăt de portocale

- 3 linguri suc proaspăt de lămâie

- 3 linguri ulei de masline

- 4 catei de usturoi, tocati

- 1 lingurita oregano uscat

- 1/2 lingurita chimen macinat

- 1/2 lingurita sare

- 1/2 kilogram seitan, feliat în felii groase de 1/4 inch

Pentru asamblare:

- 4 rulouri vegane de tip sandwich submarin, feliate pe lățime

- Unt vegan, la temperatura camerei, sau ulei de măsline

- Muștar galben

- 1 cană felii de murături cu pâine și unt

- 8 felii de sunca vegana

- 8 felii de brânză vegană cu gust ușor

Directii

a) Preîncălziţi cuptorul la 375 de grade Fahrenheit.

b) Într-o tavă din ceramică sau sticlă de 7 x 11 inci, amestecaţi toate ingredientele mojo, cu excepţia seitanului. Aruncaţi fâşiile de seitan în marinadă pentru a le acoperi. Se coace 10 minute, apoi se intoarce feliile o data pentru a rumeni usor marginile.

c) Tăiaţi fiecare rulou sau felie de pâine în jumătate pe orizontală şi întindeţi generos unt sau ungeţi ulei de măsline pe ambele jumătăţi. Întindeţi un strat gros de muştar, câteva felii de murătură, două felii de şuncă şi un sfert din feliile de seitan pe jumătatea inferioară a fiecărei chifle, apoi acoperiţi cu două felii de brânză.

d) Puneţi cealaltă jumătate de rulou deasupra jumătăţii inferioare a sandvişului şi tamponaţi puţin din marinada rămasă pe partea tăiată.

e) Preîncălziţi o tigaie de fontă la foc mediu.

f) Transferaţi uşor două sandvişuri în tigaie, apoi acoperiţi cu ceva greu şi rezistent la căldură.

g) Sandvişul la grătar timp de 3 până la 4 minute.

h) Mai fierbeţi încă 3 minute sau până când brânza este fierbinte şi se topeşte, apăsând din nou cu greutatea.

i) Scoateţi greutatea şi tăiaţi fiecare sandviş în diagonală cu un cuţit ascuţit pe o masă de tocat. Serviţi imediat!

68.　　Tempeh la grătar

Timp total de pregătire: 10 minute

Timp total de gătire: 10 minute

Randament: 4 portii

Ingrediente

- tempeh de 1 kilogram, tăiat în batoane de 2 inci

- 2 linguri ulei de masline

- 1 ceapa medie, tocata

- 1 ardei gras rosu mediu, tocat

- 2 catei de usturoi, tocati

- Cutie de roșii de 14,5 uncii

- 2 linguri de melasa inchisa la culoare

- 2 linguri otet de mere

- 2 linguri sos de soia

- 2 lingurițe de muștar brun picant

- 1 lingura zahar

- 1/2 linguriță sare

- 1/4 linguriță de ienibahar măcinat

- 1/4 linguriță cayenne măcinate

Directii

a) Gătiți tempeh-ul timp de 30 de minute într-o oală medie cu apă clocotită. Scurgeți apa și lăsați-o deoparte.

b) Încinge uleiul într-o cratiță mare la foc mediu. Se caleste ceapa, ardeiul gras si usturoiul timp de 5 minute sau pana se inmoaie. Aduceți la fiert cu roșiile, melasă, oțet, sos de soia, muștar, zahăr, sare, ienibahar și cayenne. Reduceți focul la mic și gătiți timp de 20 de minute, neacoperit.

c) Încinge restul de 1 lingură de ulei într-o tigaie mare la foc mediu.

d) Adăugați tempeh și gătiți timp de 10 minute, răsturnând o dată, până când tempeh-ul devine maro auriu. Adăugați doar suficient sos pentru a acoperi complet tempehul.

e) Acoperiți și gătiți timp de 15 minute pentru a amesteca aromele. Serviți imediat.

69.   Tofu la grătar cu glazură de tamarind

Timp total de pregătire: 25 de minute
Timp total de gătire: 40 de minute
Se dau 4 portii

Ingrediente

- 1 kilogram de tofu extra ferm scurs și uscat

- Sare și piper negru proaspăt măcinat

- 2 linguri ulei de masline

- 2 salote medii, tocate

- 2 catei de usturoi, tocati

- 2 rosii coapte, tocate grosier

- 2 linguri de ketchup

- 1/4 cană apă

- 2 linguri muștar de Dijon

- 1 lingura zahar brun inchis

- 2 linguri nectar de agave

- 2 linguri concentrat de tamarind

- 1 lingură melasă închisă la culoare

- 1/2 linguriță de cayenne măcinate

- 1 lingura boia afumata

- 1 lingura sos de soia

Directii

a) Tăiați tofu-ul în felii de 1 inch, asezonați după gust cu sare și piper și puneți-l într-o tavă mică de copt.

b) Încinge uleiul într-o cratiță mare la foc mediu. Se caleste 2 minute cu salota si usturoiul. Combinați ingredientele rămase, cu excepția tofu-ului.

c) Se reduce la foc mic și se fierbe timp de 15 minute. Amestecați conținutul într-un blender până când este complet neted.

d) Reveniți în oală și fierbeți încă 15 minute.

e) Preîncălziți grătarul sau grătarul cuptorului.

f) Tofu marinat la grătar, rotindu-l o dată.

g) Scoateți tofu de pe grătar și ungeți ambele părți cu sos de tamarind înainte de servire.

70.   Tofu frigară în marinată

Timp total de preparare: 10 minute

Timp total de preparare: 10 minute

Randament: 4 portii

Ingredient

- 1 kilogram tofu ferm, scurs
- 16 ciuperci Shiitake moderate
- 1 ridiche mare Daikon
- 1 fiecare Head bok choy
- $\frac{1}{2}$ cană sos de soia
- $\frac{1}{2}$ cană suc de portocale
- 2 linguri otet de orez
- 2 linguri ulei de arahide
- 1 lingură ulei de susan închis
- 2 linguri de ghimbir proaspăt, tocat
- $\frac{1}{4}$ de linguriță de ardei iute, tocat

Directii

a) Emulsionați saramura amestecând toate ingredientele.

b) Tăiați tortul cu tofu în jumătate și marinați timp de 1 oră la temperatura camerei sau peste noapte la frigider. Întoarceți frecvent.

c) Marinați ciupercile, daikonul și tulpinile de bok choy.

d) Amestecați marinada în frunzele de bok choy.

e) Îndoiți părțile laterale ale fiecărei frunze spre centru și rulați-o de sus.

f) Alternativ, puneți pachetul de frunze, ciupercile, tofu, daikon și tulpina de bok choy pe frigărui de lemn.

g) Grătiți frigăruile timp de 12 până la 15 minute pe un grătar închis, rotindu-le la jumătate pentru a asigura o gătire uniformă.

71. Tofu la grătar la cafenea

Timp total de preparare: 20 minute

Timp total de preparare: 5 minute

Randament: 4 portii

Ingredient

- 1 kilogram tofu

- $\frac{1}{4}$ cană Mirin

- $\frac{1}{4}$ cană Tamari

- 1 lingurita Ghimbir, proaspat; tocat

- piper piper, cayenne

Directii

a) Combina mirin, tamari, ghimbir și ardei cayenne.

b) Marinați tofu în amestec timp de cel puțin o oră sau peste noapte.

c) Prăjiți tofu peste cărbuni încinși până se rumenește ușor.

72.   Tofu de soia la grătar

Timp total de preparare: 20 minute + răcire

Timp total de preparare: 5 minute

Randament: 4 portii

Ingredient

- 1 kg de tofu ferm

- 2 linguri sos de soia

- 1 lingură zahăr brun la pachet

- 1 lingura Ketchup

- 1 lingură Hrean

- 1 lingura otet de cidru

- 1 cățel de usturoi, tocat

Directii

a) Tăiați tofu în bucăți groase de 1/2 inch și puneți-l într-o tavă de copt de sticlă.

b) Combinați sosul de soia, zahărul brun, ketchup-ul, hreanul, oțetul și usturoiul într-un bol de amestecare; se toarnă peste tofu și se întoarce pentru a se acoperi uniform.

c) Dați la frigider pentru cel puțin 1 oră sau până la 24 de ore, întorcându-le o dată sau de două ori.

d) Reporții marinate și pune tofu pe grătarul uns.

e) Prăjiți timp de 3 minute pe fiecare parte sau până când se rumenesc la foc moderat, ungeți cu marinată.

73.   Tofu la gratar cu nerimiso

Randament: 12 porții

Ingredient

- 3 linguri Dashi
- ½ cană miso alb
- 1 lingura de zahar
- 1 lingura Mirin
- 3 linguri de seminte de susan, prajite
- 1 galbenus de ou
- 3 prăjituri cu tofu
- 12 crengute kinome

Directii

a) Fierbeți dashi, miso, zahăr și mirin. Reduceți focul la mic și continuați să amestecați în mod regulat cu o lingură de lemn pentru încă 20 de minute.

b) Se lasa putin sa se raceasca inainte de a adauga galbenusul de ou. Se amestecă energic până se formează o pastă netedă.

c) Măcinați semințele de susan și amestecați-le cu o jumătate de amestec de nerimiso, lăsând celălalt sos simplu.

d) Tăiați fiecare tort cu tofu în patru dreptunghiuri. Întindeți nerimiso pe o parte a bucăților de tofu, apoi folosiți sosul simplu pe jumătate dintre ele și sosul cu aromă de susan pe cealaltă jumătate.

e) Grătiți până se rumenește și crocant pe ambele părți peste cărbune.

74. Tofu frigaruit si legume

Timp total de pregătire: 10 minute

Timp total de gătire: 6 minute

Randament: 1 porție

Ingredient

- 4 ceai

- 1 bloc de tofu ferm, tăiat în 3/4"

Amestecul de saramură ▯

- 2 lingurite de usturoi

- 2 linguri de ghimbir proaspăt

- 3 linguri ulei de măsline sau canola

- $\frac{1}{2}$ cană sos de soia

- 2 linguri de zahăr brun

- 2 lingurite ulei de susan prajit

- $\frac{1}{4}$ de linguriță Fulgi de chile roșu

- ⅓lb. Cremini sau ciuperci Shiitake

- 1 ardei gras roșu

- 1 ceapă roșie sau galbenă

Directii

a) Pentru a face saramură, amestecați ceaiul verde, usturoiul și ghimbirul într-un robot de bucătărie sau mixer până se toacă mărunt.

b) Se încălzește uleiul de măsline într-o grătară mică și se prăjește amestecul de ceai pentru un minut sau două. Aduceți la fiert, amestecând sosul de soia și zahărul.

c) Luați de pe foc și lăsați-l să se răcească ușor înainte de a adăuga ulei de susan și fulgi de ardei iute.

d) Se reduce focul si se toarna peste cuburile de tofu, marinand cel putin 1 ora si pana la 4 ore.

e) Frigarui tofu marinat, ciuperci, ardei si ceapa.

f) Ungeți legumele cu saramura rămasă și grătar până când sunt crocante și fragede.

75.   Frigarui de tofu condimentat indian

Timp total de pregătire: 30 de minute

Timp total de gătire: 30 de minute

Randament: 1 porție

Ingredient

- 3 pachete de Tofu, tăiate în pătrate

- Se dau suc de 2 lămâi

- Sare si piper

- 1 ceapa rosie

- 2 linguri coriandru taiat cubulete

- 1 castravete mic; decojite

- 4 pita

- 1 cada iaurt natural

- Ulei de arahide pentru prajit

- 1 lingura seminte de coriandru

- 1 lingură semințe de chimen

- 1 lingura Boia

- 2 ardei iute roșii

- 1 bucată mică de ghimbir

- 3 linguri Iaurt

- 2 linguri Turmeric

- 1 lingura Garam masala

Directii

a) Într-o râșniță de cafea, amestecați toate mirodeniile până când sunt măcinate fin. Se amestecă iaurtul.

b) Asezonați tofu cu sare și suc de lămâie. Marinați cel puțin o oră în amestecul de condimente. Puneți-le pe frigărui de bambus.

c) Taiati marunt ceapa rosie si castravetele si combinati cu coriandru. Se condimenteaza cu sare si piper dupa gust

d) Prajiți pita pe ambele părți într-o tigaie pentru grătar.

e) Într-o cantitate mică de ulei de arahide, rumeniți frigăruile de tofu pe toate părțile.

f) Se serveste cu iaurt natural si pita segmentate. Umpleți cu o parte din amestecul de ceapă roșie, acoperiți cu o frigărui de tofu și serviți.

76. Ardei umpluți cu tofu pe grătar

Timp total de pregătire: 10 minute

Timp total de gătire: 35 de minute

Randament: 4 portii

Ingredient

- 4 ardei gras verzi mari

- 1 ceapă mare; tăiate cubulețe

- 3 catei de usturoi; tocat

- 12 uncii Tofu; sfărâmat

- 2 lingurite ulei de masline; poate triplat

- 8 uncii Ciuperci segmentate

- 4 roșii rome

- 1 lingurita maghiran proaspat tocat

- $\frac{1}{2}$ linguriță sare; sau mai multe după gust

- 1 lingurita oregano proaspat

- 1 lingura sos de soia

- 14 uncii de roșii înăbușite

- 1 cană de orez brun fiert

- $\frac{1}{2}$ cană apă

- Piper negru proaspăt măcinat

- Parmezan sau smantana pentru ornat

Directii

a) Încinge grătarul la mediu-mare.

b) Prăjiți ardeii timp de 5 minute, răsturnând la fiecare 2 minute, până când se carbonizează ușor, dar nu se înmoaie prea mult.

c) Se prăjește ceapa, usturoiul și tofu în ulei de măsline pe un grătar mare, timp de 4 până la 5 minute. Adăugați în tigaie ciupercile, 3 roșii rom tăiate cubulețe, maghiran, sare și oregano.

d) Adăugați sosul de soia, roșiile și orezul. Se ia de pe foc și se amestecă pentru a se combina. Turnați acest amestec în fiecare ardei, apăsând ușor cu o lingură pentru a face spațiu suplimentar pentru umplutură.

e) Introduceți un sfert din roșiile Roma rămase în vârful fiecărui ardei. Puneți ardeii într-o tavă de copt de 2 litri și acoperiți-i cu amestecul de roșii rămas.

f) Acoperim cu folie de aluminiu si adaugam apa si piper negru.

g) Puneți pe grătar și gătiți timp de 20 până la 25 de minute la foc indirect sau până când ardeii sunt fragezi, dar nu moale.

h) Se pune sosul rămas peste ardei și se servește.

SANDWICHE-URI ŞI BURGERI

77. burgeri de orez de linte

Timp total: 40 de minute

Randament: 8 portii

Ingrediente

- $\frac{3}{4}$ cană de linte
- 1 cartof dulce
- 10 frunze proaspete de spanac; la 15
- 1 cană ciuperci proaspete
- $\frac{3}{4}$ cană pesmet
- 1 lingurita Tarhon
- 1 lingurita praf de usturoi
- 1 lingurita fulgi de patrunjel
- $\frac{3}{4}$ cană de orez cu bob lung

Directii

a) Gătiți orezul până când este moale și ușor lipicios, apoi adăugați linte. Lăsați răcirea.

b) Tocați un cartof dulce decojit fiert.

c) Tăiați ciupercile mărunt. Clătiți frunzele de spanac și tăiați-le grosier. Combinați toate ingredientele și condimentele într-un castron, condimentând cu sare și piper după gust.

d) Dați la frigider pentru 15 până la 30 de minute. Formați chiftele și gătiți pe un grătar în aer liber cu un grătar de legume.

e) Asigurați-vă că ungeți sau pulverizați tigaia cu Pam pentru a preveni lipirea burgerii.

78. Burger cu măsline și fasole mung

Timp total: 45 de minute

Randament: 4 portii

Ingrediente

- 1/2 cană fasole mung verde, înmuiată și gătită
- 1 lingura de seminte de in aurii, macinate
- $\frac{1}{2}$ cană măsline Kalamata, tocate mărunt
- $\frac{1}{2}$ cană ceapă, tocată mărunt
- $\frac{1}{2}$ linguriță de oregano uscat
- $\frac{1}{4}$ de lingurita piper negru proaspat macinat
- $\frac{1}{4}$-$\frac{1}{2}$ linguriță sare de mare celtică
- 1 lingura pasta de rosii bio
- 2 catei de usturoi, tocati
- 1 lingura rosii bio uscate la soare in ulei, tocate
- $\frac{1}{4}$ cană pătrunjel proaspăt, tocat

Directii

a) Preîncălziți cuptorul la 375 de grade Fahrenheit.

b) Combinați semințele de in și 3 linguri de apă într-un castron mic.

c) Intr-un robot de bucatarie, pasa fasolea pana cand are o textura fina.

d) Puneți într-un lighean de amestecare de dimensiuni medii. Ar trebui adăugate măsline, ceapă, usturoi, roșii uscate la soare, pătrunjel, condimente și pasta de tomate. Combinați totul bine. Ajustați sarea după gust.

e) Se amestecă amestecul de in. Amesteca totul.

f) Modelați în 4-6 burgeri și distribuiți uniform pe o grătar.

g) Gatiti 20 de minute, apoi scoateti de pe gratar, intoarceti si gatiti inca 5-10 minute. Când burgerii sunt gata, trebuie să fie ușor rumeniți.

79.   Burger de fasole neagră cu cheddar și ceapă

Timp total de preparare: 5 minute

Timp total: 10 minute

Randament: 6

Ingrediente

- 400 g fasole neagra fiarta
- ulei de arahide pentru prajit
- 65 g ceapa tocata marunt
- 1 lingurita pudra de chili blanda
- 1 lingurita boia afumata
- 3 linguri sos BBQ
- 50 g Nuci prăjite uscate
- 2 linguri coriandru tocat fin
- 100 g orez negru fiert
- 25 g pesmet panko
- sare de mare
- Ceapa caramelizata
- 2 cepe
- 2 linguri de unt
- 1 lingura otet de vin rosu

A servi

- 120 g Cheddar

- 6 chifle burger, tăiate la jumătate

- unt pentru chifle

- Frunze de salata romana

Directii

a) Încinge o cantitate mică de ulei într-o tigaie și gătește ceapa până devine maro aurie.

b) Reduceți focul la mic și adăugați praful de chili și boia de ardei.

c) Scoateți tigaia de pe foc și amestecați sosul BBQ.

d) Tăiați nucile și combinați-le cu fasolea, coriandru, orez, pesmet panko și un praf de sare într-un lighean de amestecare.

e) Se amestecă amestecul de ceapă până se amestecă bine.

f) Formați 6 chiftelute circulare cu câte o mână din amestec, apoi înfășurați cu folie alimentară.

g) Se da la frigider pentru cel putin o ora.

h) Puneți ceapa într-o oală rece după ce le-ați curățat și tocat. Puneti untul in cratita si puneti-l la foc mediu, apoi acoperiti-l.

i) Scoateți capacul, turnați oțetul, creșteți focul și gătiți, amestecând ocazional, timp de aproximativ 15 minute, sau până când lichidul s-a redus semnificativ. Pune deoparte.

j) Preîncălziți grătarul la 350 de grade Fahrenheit.

k) Prăjiți chiftelele câteva minute pe ambele părți, până când s-a dezvoltat o culoare bună.

l) Puneți câteva felii de brânză deasupra fiecărui burger și puneți la grătar până când brânza se topește.

m) Ungeți cu unt suprafețele tăiate ale chiflelor și prăjiți-le rapid pe un grătar.

n) Pe fundul fiecărei pâini, puneți o chiflă. Acoperiți cu o frunză de salată verde și o bucată mare de ceapă caramelizată.

80. Burger de avocado la grătar cu fasole marinată

Timp total: 10 min

Randament: 6

Ingrediente

- 3-4 avocado medii
- suc de 1 lime
- ulei de masline

Fasole marinată

- 200 g fasole neagra fiarta
- 2-3 rosii afumate
- 1 ceapa primavara, tocata marunt
- 1 lingurita chili serrano tocat marunt
- 1 lingura coriandru tocat marunt
- 1 lingurita de usturoi tocat marunt
- 1 lingura otet de vin alb
- 2 linguri ulei de masline
- coaja de 1 lime

A servi

- 6 chifle burger, tăiate la jumătate
- unt pentru chifle
- 6 linguri de crema frage

- patrunjel si coriandru

- piper roșu

Directii

a) Pregătiți roșiile afumate pe grătar.

b) Amesteca rosiile afumate tocate cu celelalte ingrediente si fasolea marinata.

c) Asezati feliile de avocado pe o farfurie si stropiti-le cu suc de lime si ulei.

d) Grătiți rapid feliile de avocado pe grătar la foc foarte mare sau folosiți un pistol pentru a se rupe suprafața.

e) Chiflele la gratar rapid pe gratar cu unt pe suprafata taiata.

f) Pe fiecare chiflă întindeți o lingură mare de fasole marinată. Apoi acoperiți cu 2 felii de avocado, o praf de cremă fragedă și o stropire de pătrunjel și coriandru.

g) Stropiți cu un strop de piper cayenne pentru a termina.

81.   Burger cu quinoa şi cartofi dulci

Timp total de pregătire: 15 minute

Timp total de gătire: 1 oră 10 minute

Randament: 6

Ingrediente

- 3 cartofi dulci medii, copți

- 2 oua

- 1 cană făină de năut

- 1 lingurita pudra de chili

- 1 lingură muștar de Dijon din cereale integrale

- 1 lingură unt de nuci sau alt unt de nuci

- suc de $\frac{1}{2}$ lămâie

- 1 praf de sare de mare

- 200 g quinoa

- ulei de arahide, pentru prajit

- Smântână de hrean

- 3 linguri de hrean ras fin

- $1\frac{1}{4}$ cani de smantana

- sare de mare

A servi

- 6 chifle burger, tăiate la jumătate

- unt pentru chifle

- şalotă asiatică roşie tăiată mărunt

- arpagic tocat marunt

Directii

a) Împărțiți cartofii pe lungime și folosiți o lingură pentru a răzui interiorul.

b) Cu ajutorul unei lame de cuțit, bateți ușor ouăle într-un robot de bucătărie. Amestecați cartofii dulci, făina de năut, pudra de chili, muştarul, untul de nuci, sucul de lămâie și sarea până când totul este complet omogenizat. Adăugați quinoa și transferați într-un castron.

c) Formați 6 chifteluțe rotunde cu câte o mână din amestec, fie cu mâna, fie cu un inel alimentar. Acoperiți chiftelele cu folie alimentară și lăsați-le deoparte.

d) Într-un castron, combinați hreanul și smântâna. Se condimentează cu sare după gust și se lasă deoparte.

e) Prăjiți chiftelele câteva minute pe ambele părți la foc mediu, până au căpătat puțină culoare.

f) Ungeți cu unt suprafețele tăiate ale chiflelor și le grătar rapid.

g) Puneți un burger pe fundul fiecărei chifle și acoperiți cu smântână de hrean, eșalotă și arpagic.

82.   Sandvişuri la grătar Chile Relleno

Timp total: 30 de minute

Randament: 4 portii

Ingredient

- Cutie de 4 uncii de ardei iute verzi întregi; drenat

- 8 segmente Pâine albă

- 4 segmente Monterey Jack; 1 uncie fiecare

- 4 segmente de brânză Cheddar; 1 uncie fiecare

- 3 linguri de margarina sau unt; înmuiat

Directii

a) Acoperiți 4 felii de pâine cu 1 felie de brânză Monterey Jack, felii de ardei iute și brânză Cheddar; acoperiți cu feliile de pâine rămase.

b) Pe exteriorul fiecărui sandviș, întindeți margarină.

c) Preîncălziți grătarul la foc mediu-mare sau 375 de grade Fahrenheit.

d) Gatiti 2-4 minute pe fiecare parte, sau pana cand painea devine maro aurie si branza s-a topit.

83.   Sandviş cu grătar de fructe cu arahide

Timp total de gătire: 3 minute

Timp total de preparare: 1 min

Randament: 1 porție

Ingrediente

- 12 segmente Pâine albă

- Unt; înmuiat

- $\frac{1}{2}$ cană unt de arahide neted

- $\frac{1}{2}$ cană ananas zdrobit; bine drenat

- 1 cană gust de portocale de afine

Directii

a) Unge pâinea pe ambele părți.

b) Întindeți uniform untul de arahide și ananasul zdrobit pe 6 felii de pâine.

c) Adăugați gust de afine și portocale la amestecul de unt de arahide.

d) Acoperiți cu celelalte felii de pâine și puneți la grătar până se rumenesc pe ambele părți.

e) Tăiați în bucăți și serviți imediat.

f) Serviți cu bețișoare de țelină și bucle de morcov ca garnitură.

84.   Sandwich cu brânză la grătar vegan sănătos

Timp total de preparare: 5 minute

Timp total de preparare: 10 minute

Randament: 3 sandvișuri

Ingrediente

- 6 felii de paine

- 1 avocado, decojit, tăiat felii

- 1 dovlecel, tăiat în felii lungi de $\frac{1}{2}$ inch grosime

- $\frac{1}{2}$ cană spanac proaspăt

- 4 uncii. tofu afumat, feliat

- 1 ceapă verde, tăiată cubulețe

- 3 linguri de maia caju

- 4-5 linguri sos de brânză vegan

- Microverzi sau germeni

Directii

a) Într-o tigaie fierbinte, prăjiți dovleceii și feliile de tofu timp de 3 minute, apoi răsturnați și gătiți încă 3 minute. Se aseaza pe o farfurie sa se raceasca.

b) Puneți bucățile de pâine una lângă alta și întindeți câte o lingură de maia de caju pe fiecare dintre cele trei felii de jos.

c) Mai puneți o dată dovleceii la grătar împăturiți și feliile de tofu, apoi stropiți cu aproximativ 2 lingurițe de sos de brânză topit.

d) Adăugați deasupra spanac proaspăt, ceapa verde și varza, urmate de încă o lingură de sos de brânză și de avocado feliat.

e) Acoperiți cu o felie de pâine.

f) Încinge o tigaie din fontă la foc mediu înainte de a adăuga sandvișurile.

g) Apăsați sandvișurile cu brânză vegană pentru câteva secunde cu o spatulă, apoi acoperiți cu un capac și gătiți timp de 3-4 minute, sau până când se formează o crustă aurie.

85. Sandvișuri cu brânză albastră cu nuci la grătar

Timp total de preparare: 5 minute

Timp total de preparare: 10 minute

Randament: 1 porție

Ingredient
- 1 cană brânză albastră mărunțită;
- ½ cană nuci prăjite tăiate mărunt
- 16 segmente Pâine integrală
- 16 crengute mici de nasturel
- 6 linguri de unt

Directii

a) În mod egal, împărțiți brânza și nucile între cele 8 pătrate de pâine.

b) Acoperiți cu 2 crenguțe de nasturel fiecare.

c) Asezonați cu piper și acoperiți cu bucățile de pâine rămase, făcând un total de 8 sandvișuri.

d) Într-o tigaie mare antiaderentă, topește 3 linguri de unt.

e) Prăjiți sandvișurile timp de 3 minute pe fiecare parte sau până când devin maro auriu și brânza se topește. Transferați pe placa de tăiat.

f) Tăiați sandvișurile pe diagonală. Transferați pe farfurii de servire.

86.   Măr şi brânză la grătar

Timp total de pregătire: 10 minute

Timp total de gătire: 5 minute

Randament: 2 porții

Ingredient

- 1 măr mic Red Delicious

- ½ cană brânză de vaci cu conținut scăzut de grăsimi 1%.

- 3 linguri ceapă mov tăiată mărunt

- 2 brioșe englezești cu aluat, împărțite și prăjite

- ¼ cană brânză albastră mărunțită

Directii

a) Într-un castron mic, combinați brânza de vaci și ceapa și amestecați bine.

b) Pe fiecare jumătate de brioșă, întindeți aproximativ 2 lingurițe de amestec de brânză de vaci.

c) Puneți 1 inel de mere deasupra fiecărei cești de brioșe; în egală măsură, presărați brânză albastră mărunțită peste rondelele de mere.

d) Puneți pe o tavă de copt și grătar timp de 1-12 minute, sau până când brânza albastră se topește, la 3 inci de flacără.

87. Deliciu cu branza la gratar

Timp total de pregătire: 5 minute

Timp total de gătire: 5 minute

Randament: 1 porție

Ingredient

- 6 segmente Pâine

- 3 segmente groase de brânză

- ½ linguriță chili roșu zdrobit

- Sarat la gust

- O bucată de unt

Directii

a) Pune brânza pe trei bucăți de pâine.
b) Întindeți chili deasupra și acoperiți cu a doua bucată de pâine.
c) Grătiți peste cărbuni încinși

DESERTURI

88.   Prajituri de cartofi la gratar

Timp total de gătire: 10 minute

Timp total: 20 de minute

Randament: 100 de porții

Ingredient

- 2 galoane de apă; fierbere

- 1½ cană de unt

- 12 ouă

- 2½ cană lapte

- 3¼ litru de cartof

- 1 kg de făină

- 2 linguri sare

Directii

a) Combinați cartofii și laptele. Pune deoparte

b) Într-un castron, combinați apa, untul sau margarina, sarea și piperul.

c) Folosind un bici de sârmă, adăugați imediat combinația de cartofi și lapte în lichid la viteză mică; amestecați timp de 12 minute.

d) Amestecați ouăle, batându-le la o viteză moderată

e) Trageți prăjiturile în făină universală cernută.

f) Se prăjește timp de 3 până la 4 minute pe fiecare parte pe un grătar bine uns de 375 ° F sau până când devine maro auriu.

89. Prajituri de orez la gratar

Timp total de gătire: 12 minute

Randament: 4 portii

Ingredient

- 2½ cană apă

- Sare

- 1½ cană de orez cu bob scurt

- 1 lingura otet de orez condimentat sau otet de sherry

Directii

a) Gatiti orezul la foc mic timp de 18 minute sau pana cand orezul a absorbit tot lichidul.

b) Când s-a gătit orezul, se ia de pe foc și se amestecă cu oțetul de orez. Lăsați răcirea.

c) Umpleți până la jumătate o tavă rotundă sau pătrată de 9 inci unsă cu amestecul de orez. Apăsați uniform orezul în tigaie cu palmele umede sau ușor unse cu ulei. Dă la frigider până se întărește.

d) Pregătiți grătarul.

e) Tăiați orezul întins în 12 forme uniforme folosind o placă de tăiat.

f) Ungeți ușor grătarul cu ulei înainte de a adăuga prăjiturile de orez.

g) Gătiți timp de 1 până la 2 minute până când se colorează bine, apoi întoarceți și grătar încă 1 până la 2 minute. Serviți imediat.

90. Tort scurt cu piersici

Timp total de pregătire: 10 minute

Timp total de gătire: 15 minute

Randament: 9 portii

Ingrediente

- 2 linguri de miere
- 1 lingura de unt, topit
- 1/4 lingurita scortisoara
- 2 banane med coapte
- 2 medii piersici coapte
- 1/2 din 11 uncii de prăjitură, tăiată în segmente de 3/4 inci
- 1/2 din 8 uncii Bici rece, dezghețat
- 1/4 lingurita scortisoara
- Strop de nucsoara

Directii

a) Într-un recipient mic, combinați mierea, untul topit și 1/4 linguriță de scorțișoară.

b) Gatiti 8-10 minute pe un gratar la foc mediu, amestecand des.

c) Peste tort se pune fructele calde.

d) Se amestecă restul de trei ingrediente și se pune deasupra cu lingura.

91. Hayes Street Grill crocant de caise

Timp total de pregătire: 20 de minute

Timp total de gătire: 40 de minute

Randament: 4 portii

Ingredient

- 8 linguri de unt nesarat, taiate in bucatele mici

- 4 căni de jumătăți de caise fără sâmburi

- Suc de 1 lămâie

- 2 până la 8 linguri zahăr granulat, după gust

- 1 cană de făină universală

- 1 cană zahăr brun deschis, ambalat

- praf sare

- 1 lingurita scortisoara macinata

- Frișcă, cremă frage sau înghețată de vanilie

Directii

a) Preîncălziți grătarul la 375 de grade Fahrenheit.

b) Ungeți ușor o tavă de plăcintă de 9 inci sau o tavă rotundă, puțin adâncă.

c) Combinați fructele cu sucul de lămâie și zahărul granulat. Umpleți o tavă de copt cu amestecul.

d) Într-un castron, combinați făina, untul rămas, zahărul brun, sarea și scorțișoara. Frecați amestecul cu vârful degetelor până devine sfărâmicios. împroșcă fructele

e) Prăjiți timp de 35 până la 45 de minute, până când fructele clocotesc pe margini și se rumenesc deasupra.

f) Lăsați să se răcească puțin înainte de a servi cu frișcă, cremă frage sau înghețată.

92.   Tarta de vinete la gratar

Timp total de pregătire: 20 de minute

Timp total de gătire: 1 oră 45 minute

Timp de răcire: 1 oră 10 minute

Randament: 8 portii

Ingredient

- Spray de gatit

- 1 vinete mare; decojite si Segmentate

- 6 cartofi mari; decojite si Segmentate

- 6 ciuperci Portabella mari

- Ulei de măsline pentru periaj

- 1 lingura ulei de masline; pentru pesmet

- Sare si piper

- $\frac{1}{4}$ cană pătrunjel; tăiate cubulețe

- $\frac{1}{4}$ cană busuioc; julienne

- $\frac{3}{4}$ cană parmezan proaspăt ras; sau Pecorino Romano

- 1 cană pesmet proaspăt

- 1 lingura ulei de masline

- 1 ceapa mica; tocat

- 1 tulpină de țelină; tocat

- 4 roșii mari; însămânțate și tăiate cubulețe grosiere

- $\frac{1}{2}$ cană morcovi rasi

- 1 lingurita de cimbru proaspat; sau 1/2 lingurita de cimbru uscat

- 1 lingurita suc proaspat de lamaie

- 2 lingurițe pătrunjel proaspăt; tăiate cubulețe

Directii

a) Pentru a pregăti gustul, încălziți uleiul într-o oală medie nereactivă. Adăugați ceapa și țelina și gătiți timp de 3 minute la foc mediu. Adăugați roșiile, morcovii, cimbru și asezonați după gust cu sare și piper.

b) Gatiti delicat condimentul pana cand lichidul se evapora in mare parte. Se amestecă pătrunjelul și sucul de lămâie.

c) Pulverizați bine grătarul.

d) Preîncălziți grătarul la foc mediu-mare.

e) Ungeți vinetele, cartofii și ciupercile cu ulei de măsline și asezonați cu sare și piper pe ambele părți.

f) Ungeți o tavă de tort sau o tavă de tartă de 9 inchi cu spray de gătit.

g) Toate legumele la grătar până se rumenesc bine și sunt fierte pe ambele părți.

h) Puneți vinete, cartofi și ciuperci în tava de plăcintă sau de tartă, presărați puțin pătrunjel, busuioc și brânză rasă între fiecare strat de legume.

i) Încinge cele 3 linguri de ulei de măsline într-o grătară mică la foc moderat-mare până se încinge. Se caleste pesmetul pana se rumeneste. Pesmetul trebuie presarat peste tarta.

j) Serviți imediat cu o băltoacă minusculă de gust de roșii sub fiecare felie.

93.   Sundae cu rom la grătar

Timp total de pregătire: 15 minute

Timp total de gătire: 8 minute

Randament: 4 portii

Ingredient

- ⅓ceasca Plus 1 lingura sirop de artar

- $1\frac{1}{2}$ lingură rom negru

- 1 lingura Unt nesarat topit

- 4 banane; copt dar ferm

- 1 litru de iaurt înghețat cu conținut scăzut de grăsimi, vanilie

- $\frac{1}{8}$ linguriță de nucşoară proaspăt măcinată

Directii

a) Pregătiți un grătar.

b) Amestecă siropul de arțar și romul într-o cratiță mică. Adăugați untul topit.

c) Ungeți sau frecați amestecul de sirop de arțar și unt pe banane.

d) Bananele la grătar timp de 3 până la 5 minute, răsturnând o dată sau de două ori cu o spatulă, până se rumenesc uşor şi se înmoaie, dar nu sunt moale.

e) Într-o cratiță mică pusă lângă jar, încălziți amestecul rămas de siropul de arțar și rom în timp ce bananele se gătesc la grătar.

f) Umpleți bolurile de desert pe jumătate cu iaurt înghețat. Puneți jumătățile de banane tăiate în sferturi deasupra iaurtului înghețat.

g) Deasupra se toarnă sosul iute.

94.   Banane la gratar cu inghetata

Timp total de pregătire: 25 de minute

Randament: 1 porție

Timp total de gătire: 4 minute

Ingredient

- 2 banane ferm coapte

- $\frac{1}{4}$ Lipiți unt nesărat, topit și răcit

- 3 linguri de zahar brun

- $\frac{1}{4}$ de kilogram ciocolată, tăiată cubulețe

- $\frac{1}{2}$ linguriță scorțișoară

- Inghetata de vanilie

Directii

a) Preîncălziți o tigaie pentru grătar.

b) Înjumătățiți bananele pe lungime după ce le curățați.

c) Amestecați untul și zahărul brun într-o tavă de copt puțin adâncă, apoi adăugați bananele și amestecați ușor pentru a acoperi.

d) Cu o spatulă de metal, transferați bananele într-o tigaie pentru grătar unsă cu ulei și încălziți până se rumenesc și sunt fierte, aproximativ 2 minute pe fiecare parte.

e) Într-o cratiță grea, topim ciocolata tăiată cubulețe și scorțișoara la foc mic, amestecând continuu.

f) Serviți bananele cu înghețată și sos de ciocolată, ca la banana split.

95. Pere poşate şi la grătar

Timp total de pregătire: 5 minute

Timp total de gătire: 10 minute

Se obțin 4 porții

Ingrediente

- 11/2 cani de suc de afine
- 1 cană zahăr
- 2 lingurite extract pur de vanilie
- 2 pere
- 2 linguri de inghetata vegana de vanilie
- Sos de ciocolata
- Crengute de menta, pentru decor

Directii

a) Preîncălziți grătarul la 400 de grade Fahrenheit.

b) La foc mediu, combinați sucul de afine și zahărul într-o cratiță mare. Se mai fierbe 8 minute, apoi se ia de pe foc si se amesteca cu extractul de vanilie.

c) Folosind un bile de pepene galben, scoateți miezul perelor și puneți-le în tigaia Ready. Rotiți perele în siropul de afine pentru a le acoperi.

d) Prăjiți timp de 30 de minute sau până când se înmoaie, dar nu se destramă.

e) Scoateți de pe grătar și lăsați deoparte să se răcească la temperatura camerei.

f) Pune 2 jumătăți de pere pe fiecare dintre cele 4 feluri de desert răcite când este gata de servire, răspândind orice sirop rezidual peste pere.

g) Pe fiecare farfurie se pune o lingura de inghetata.

96.   Melba cu piersici la gratar

Timp total de preparare: 20 min

Timp total de gătire: 15 min

Se obțin 4 porții

Ingrediente

- 2 căni de apă
- piersică coaptă
- 11/2 cani de zahar
- 2 linguri plus 1 lingurita suc de lamaie
- 1 cană zmeură proaspătă
- 2 linguri de inghetata vegana de vanilie
- 1 lingura Migdale prajite segmentate

Directii

a) Aduceți apa la fiert într-o cratiță mare la foc mare, apoi adăugați piersica. Reduceți focul la mediu după 30 de secunde, apoi scoateți piersicile.

b) Adăugați 1 cană de zahăr și 2 linguri de suc de lămâie în apa de încălzit și amestecați pentru a dizolva zahărul.

c) Curăță piersica de coajă și scoate pielea și mai fierbe-o încă 8 minute în apă clocotită. Scurgeți, apoi sâmburele și feliați piersicile. Pune deoparte.

d) Combinați zmeura și zahărul rămas într-o cratiță mică și încălziți la foc mediu. Zdrobiți fructele de pădure cu dosul unei linguri și agitați pentru a dizolva zahărul.

e) Presă fructele de pădure printr-o sită fină într-o farfurie. Se amestecă cu restul de 1 linguriță de suc de lămâie.

f) Scoateți înghețata vegană în boluri transparente pentru desert și ornezați cu segmentele de piersici.

g) Se servesc cu un strop de sos de zmeura si o presara de migdale.

97.   Preparat cu fructe cu arome asiatice

Timp total de preparare: 12 minute

Timp total de gătire: 6 minute

Dați 4 până la 6 porții

Ingrediente

- Cutie de 8 uncii de lychees, ambalate în sirop
- Suc de 1 lime
- 1 lingurita coaja de lime
- 2 lingurite de zahar
- $1/4$ cană apă
- 1 mango copt, decojit, fără sâmburi și tăiat cubulețe de 1/2 inch
- 1 pară asiatică, fără miez și tăiată cubulețe de 1/2 inch
- 2 banane, decojite și tăiate în bucăți de 1/4 inch
- 1 kiwi, decojit și tăiat în bucăți de 1/4 inch
- 1 lingură alune zdrobite nesărate la grătar

Directii

a) Pune siropul de litchi intr-o cratita mica.

b) Se încălzește siropul de litchi cu sucul și coaja de lămâie, precum și zahărul și apa, la foc mic până se dizolvă zahărul. Se aduce la fierbere, apoi se ia de pe foc. Lăsați răcirea.

c) Adăugați mango, pere, banane și kiwi în vasul care conține litchi.

d) Serviți cu un strop din siropul salvat și o mână de alune.

98.   Crêpe de înghețată

Timp total: 10 minute

Se obțin 4 porții

Ingrediente

- 11/2 litri de înghețată vegană de vanilie, înmuiată
- Crêpe de desert vegane
- 2 linguri margarina vegana
- $1/4$ zahăr de cofetarie
- $1/4$ cană suc proaspăt de portocale
- 1 lingura suc proaspat de lamaie
- $1/4$ cană Grand Marnier sau alt lichior cu aromă de portocale

Directii

a) Puneți un sfert de înghețată capăt la capăt pe o bucată de folie de plastic, înfășurați-o și rulați-o într-un buștean cu mâinile.

b) Fiecare dintre bușteanii de înghețată ar trebui să fie rulat într-o crêpe.

c) După ce ați umplut crêpele, puneți-le la congelator timp de 30 de minute pentru a se întări.

d) Topiți margarina într-o grătară mică la foc mediu. Se toarnă zahărul. Adăugați sucul de portocale, sucul de lămâie și Grand Marnier.

e) Prăjiți timp de aproximativ 2 minute sau până când cea mai mare parte a alcoolului s-a evaporat.

f) Pentru a servi, aranjați crêpele umplute pe farfurii de desert și stropiți-le cu puțin sos de portocale.

99.   Gratin de nuci pecan si pere

Timp total de pregătire: 10 minute
Timp total de gătire: 45 de minute
Dați 4 până la 6 porții

Ingrediente

- pere proaspete coapte, curatate de coaja si miez
- $1/2$ cană de merișoare uscate îndulcite
- $1/2$ cană zahăr
- $1/2$ linguriță de ghimbir măcinat
- 1 lingura amidon de porumb
- $1/4$ cană lapte de soia simplu sau vanilat
- $2/3$ cană nuci pecan tăiate grosier
- $1/4$ cană margarină vegană

Directii

a) Preîncălziți grătarul la 400 de grade Fahrenheit.
b) Unge ușor un vas gratinat.
c) Răspândiți perele în vasul Ready.
d) Amestecați merișoarele, zahărul, ghimbirul și amidonul de porumb.
e) Adăugați laptele de soia, ungeți cu margarină și stropiți cu nuci pecan.
f) Prăjiți timp de 20 de minute sau până când fructele fac bule în mijloc.

100. Cremă de chile prăjită

Timp total de pregătire: 10 minute
Timp total de preparare: 3 ore

Randament: 4 portii

Ingredient

- 2 ouă mari

- 2 galbenusuri mari

- ⅓ceașcă de zahăr, maro

- 2 linguri zahar, maro

- ¼ lingurita Sare

- 2 căni de smântână, grea

- ¼ lingurita de vanilie

- 2 lingurițe Chile de Arbol, prăjite în pudră

Directii

a) Preîncălziți grătarul la 300°F.
b) Bateți oul, gălbenușurile, zahărul brun și sarea.
c) Se opăresc smântâna și vanilia într-o cratiță la foc mediu; se ia de pe foc; se bate amestecul de ouă până la omogenizare; se întoarce la smântână într-o cratiță și se fierbe până când crema acoperă dosul unei linguri; se ia de pe foc.
d) Umpleți ramekinele cu cremă; se aseaza in tava si se aseaza tava pe gratar.

e) Umpleți cu suficientă apă pentru a ajunge la 2/3 în sus de marginile ramekinelor; gratar pana se fixeaza pentru aproximativ 3 ore.

f) Pentru a servi, presarați pudră de chile peste fiecare cremă, apoi acoperiți cu zahăr brun cernut și grătar până când zahărul este topit, dar nu se rumeneşte.

CONCLUZIE

Este sezonul gratarului! Grătarul aduce o aromă crocantă și o aromă irezistibilă de fum în tot ceea ce atinge. Și nu o relevați doar la burgeri sau coaste. Fă-ți garnitura în același timp cu aceste cele mai bune legume la grătar! Acest amestec de legume este delicios, colorat și cea mai bună parte: toate se gătesc aproximativ la aceeași rată. Aruncă-le împreună cu un amestec rapid de balsamic, ulei de măsline și o notă de rozmarin și nu te vei mai putea opri din mâncat.

CPSIA information can be obtained
at www.ICGtesting.com
Printed in the USA
BVHW061252251022
650234BV00008B/89